Roswitha Niethammer

DEM TEUFEL VOR DIE SCHMIEDE

Meine Kindheit im Dritten Reich

Bleicher Verlag

Die Deutsche Bibliothek – CIP-Einheitsaufnahme

Niethammer, Roswitha:
Dem Teufel vor die Schmiede : meine Kindheit
im Dritten Reich / Roswitha Niethammer.
– 1. Aufl. – Gerlingen : Bleicher, 1995
ISBN 3-88350-727-X

1. Auflage

Gesamtherstellung: Maisch + Queck, Gerlingen
Umschlaggestaltung: Buchgestaltung Reichert, Stuttgart
ISBN 3-88350-727-X

1. Sargnägel und Wasserstoffsuperoxyd

Wenn Mutter sagt, wir wären die Nägel zu ihrem Sarg, hören wir gar nicht mehr richtig hin. Das geht zum einen Ohr rein und zum anderen raus, weil sie es so oft wiederholt. Das ist fast wie die Zeitansage im Telefon. Mutter hat ja recht. Wir sind wirklich manchmal unausstehlich und verprügeln uns dauernd. Doch wenn wir uns mal einig sind, ist es auch wieder nicht richtig. Gerade weil Ruhe herrscht, bekommt es Mutter mit der Angst! Sie sieht nach, ob es irgendwo brennt, prüft, ob die wertvolle Markolini-Terrine und der Meißner Obstkorb noch heil sind. Im Vorbeigehen wirft sie einen besorgten Blick auf den Kristalleuchter im Musikzimmer. Also ehrlich, mit dem Porzellan passen wir wirklich auf. Aber gebrannt hat es schon mal, und den Kristalleuchter im Musikzimmer habe ich mit dem Springseil letztes Jahr heruntergeholt.
Eigentlich hatten wir gar nicht gewollt, daß es brennt. Wir hatten uns nur in der Küche mit brennenden Streichhölzern beworfen und dann im Kinderzimmer weitergetobt. Als unsere Herta in die Küche kam, stand der Holzkorb neben dem Herd in Flammen. Alle Handtücher und Topflappen waren verbrannt und die Tür angekokelt. Auf dem weißen Lack liefen lauter braune Blasen nach unten. Herta schrie wie was Böses, und wir haben sofort gelöscht. Wir brauchten fünf Eimer Wasser, und hinterher sah es schlimm aus und stank furchtbar.
Als Mutter vom Einkaufen kam, sind wir schnell »Spa-

lier« gestanden. Das heißt, wir machen dann immer rechts und links neben der Eingangstür einen Kopfstand, damit Mutter weiß, daß etwas passiert ist und sich darauf einrichten kann.
Daher kommt es auch, daß uns Mutter immer Sargnägel nennt. Mein Bruder meint, wenn wir nicht so wären, wie wir sind, dann wäre Mutter auch nicht so elastisch. Und deshalb pfeifen wir auf die Sargnägel.
Unser Vater ist seit zwei Jahren tot. Wir sind mit Mutter und unserer Herta allein. In der Verwandtschaft sagen alle, uns fehlt die starke Hand. Aber Mutters starke Hand genügt uns vollkommen. Sie glaubt, wir wären auch so eine Familie und müßten eben zusammenhalten. Also gut, wir halten zusammen! Aber Mutter ist diejenige, die am meisten zusammenhält, und das macht sie wirklich großartig. Wenn wir irgendwo etwas »pekzieren« (wie sie sagt), dann geht sie »dem Teufel vor die Schmiede« und boxt uns wieder heraus. Das war auch mit dem blauen Brief so, den sie vom Direktor der Schule bekam, in die mein Bruder geht. Da stand nämlich drin, daß er der größte Raufbold der Klasse wäre und ein Junge ein blaues Auge, eine angeknackste Rippe und einen schiefen Zahn davongetragen hätte. Der Vater des Jungen behielte sich eine Anzeige vor. Mein Bruder solle von der Schule fliegen.
Mutter rief ihn, zeigte ihm den Brief und fragte ganz ruhig, was los gewesen sei. Er antwortete, der blöde Kerl hätte über den ganzen Schulhof gebrüllt, unsere Mutter wäre eine dumme Sau.
Mutter meinte: »Das genügt!« Dann hat sie ihr schönes Kleid angezogen, den neuen Hut aufgesetzt und ist zum Direx gegangen. Sie hat ihn ausreden lassen, einfach gelächelt (und sie sieht wunderbar aus, wenn sie lächelt) und folgendermaßen zu ihm gesprochen: »Sehr geehrter Herr

Direktor! Hat schon einmal jemand Ihre Gattin als dumme Sau bezeichnet? Na, sehen Sie. Mein Sohn hat mich gerechtfertigt und unser bajuwarisches Erbe ist durchgebrochen, weil ich aus Würzburg stamme.« Mehr hat sie gar nicht gesagt, aber der Direx hat sie nach dem Gespräch zum Kaffeetrinken eingeladen und ihr versichert, er könne meinen Bruder verstehen, daß er so für sie eingetreten sei. Jedesmal, wenn der Direx meinen Bruder in der Schule trifft, ruft er ihm zu: »... und einen Gruß an deine charmante Frau Mama.«

So ist eben unsere Mutter, charmant und elastisch – durch uns, ihre Sargnägel. Ich kann nicht vergessen, daß Mutter einmal sehr traurig über uns war. Und das kam so:

Ich habe einen neuen Kreisel bekommen und mir sofort einen anderen Strick mit fünf Knoten in die Peitsche eingezogen, damit sie schön knallt. Meine Freundin Dorle hat auch einen Kreisel. Meiner ist aber viel größer und bunter. Wir bohren Löcher zwischen die Pflastersteine, stecken die Kreisel rein, und los geht es! Dorle haut ihren Kreisel meistens bei Öhmes in den Garten und heult. Ich steige dann über den Zaun und hole ihn wieder. Aber Öhmes haben einen großen Hund, der ist oft im Garten, bellt schrecklich und versucht, mich zu beißen. Das bedeutet, daß ich immer, wenn ich mit Dorle kreiseln gehe, ein paar Zuckerstückchen stibitzen muß, damit mich der Hund den Kreisel holen läßt.

Mein Bruder findet Kreisel doof. Er hat ein Diabolo. Das sind gleich zwei Peitschen mit einer Schnur dazwischen. Damit fädelt er rauf und runter, läßt ein Gummiding in die Luft schnellen und fängt es mit dem Strick in der Mitte wieder auf. Dann fädelt er wieder, und das Ding fliegt immer höher. Er sagt, mit der Nummer könne er zum Zirkus gehen. Aber das Gummiding fliegt plötzlich auch in

Öhmes Garten, der Hund kriegt es und fängt an, es zu zerbeißen.
Mein Bruder steigt natürlich sofort über den Zaun, aber weil er keine Zuckerstückchen hat (und meine kriegt er sowieso nicht), knurrt der Hund fürchterlich und mein Bruder kommt ganz schnell zurück.
So wütend habe ich meinen Bruder lange nicht gesehen. Und das nur, weil er zusehen muß, wie das Hundebiest sein Diabolo-Ding in kleine Stücke zerlegt. Dorle bekommt es mit der Angst und rennt nach Hause. Deshalb läßt mein Bruder seine Wut wieder an mir aus.
Er brüllt: »Du Hure!«, und ich lasse mir das nicht gefallen und brülle zurück: »Du elender Sitzenbleiber!«
Mutter reißt das Fenster auf: »Kommt sofort nach Hause!« Oben sitzt sie dann und weint. Das ist uns völlig neu. Sie sagt zu meinem Bruder: »Weißt du, was eine Hure ist?«
Mein Bruder meint: »Nee – aber irgendwas Scheußliches!«
Mutter sieht ihn an und fragt ihn: »Wie alt ist deine Schwester?«
Mein Bruder grinst: »Drei Jahre jünger als ich.«
Mutter nimmt das Taschentuch und fragt wieder: »Wie alt ist deine Schwester?«
Mein Bruder merkt, daß es ernst wird und antwortet: »Acht Jahre.«
Da sagt Mutter: »Merke dir ein für allemal, achtjährige Huren gibt es nicht.«
Dann sieht sie mich an.
»Warum schimpfst du deinen Bruder einen elenden Sitzenbleiber?«
»Aber er ist doch sitzengeblieben«, sage ich kleinlaut.
Da haut Mutter mit der Faust auf den Tisch, daß die Blumenvase einen Satz macht und schreit: »Und das geht niemand was an – nur uns!«

Wir verdrücken uns ganz bedripst ins Kinderzimmer, wissen gar nicht, was plötzlich los ist, auch nicht, was das Wort Hure bedeutet. Nach einer Weile kommt Mutter ins Kinderzimmer. Sie weint nicht mehr und wir denken, jetzt kriegen wir endlich eine Ohrfeige. Aber Mutter stellt sich ans Fenster, sieht lange raus und dann sagt sie: »Kinder, wir sind doch eine Familie und müssen zusammenhalten.« Sie sagt das einfach so. Wir haben sie plötzlich unheimlich lieb, stellen uns rechts und links neben sie und gucken auch zum Fenster raus. Nach einer Weile dreht sich Mutter um und lacht wieder.

»Und jetzt ...«

»... dem Teufel vor die Schmiede!« stimmen wir begeistert in unseren Schlachtruf ein und Mutter geht zu Öhmes. Nach einer halben Stunde kommt sie zurück und legt strahlend ein Fünfmark-Stück auf den Tisch.

»Hier«, sagt sie zu meinem Bruder, »davon sollst du dir ein neues Diabolo kaufen. Und wenn euch wieder Spielzeug in den Garten von Öhmes fliegt, dann sollt ihr gefälligst klingeln, damit sie den Hund wegsperren können.«

Mutter läßt sich überhaupt nicht aus der Ruhe bringen, wenn wir mit zerschundenen Knien oder großen Platzwunden nach Hause kommen. Sie bedauert uns nie, aber sie spricht uns gut zu.

Dorles Mutter ruft sofort den Arzt, weil sie kein Blut sehen kann. Mutter nicht! Sie hat einen kleinen, silbernen Kasten mit einem chirurgischen Besteck, eine silberne Nierenschale und eine große, braune Flasche mit Wasserstoffsuperoxyd. Sie nimmt eine feine Pinzette und holt damit die Steinstückchen und den Dreck aus den Wunden. Das macht sie großartig, und ihre Hand zittert kein bißchen. Aber dann hält sie die Nierenschale unter die Wunde und schäumt sie einfach mit Wasserstoffsuperoxyd

aus. Das ist schlimm genug und tut schauderhaft weh. Doch Mutter sagt, das schadet nichts, denn so heilt es primär.
Ich bin mal auf eine Eisenschiene gestürzt. Das waren eigentlich zwei Eisenschienen. Da, wo sie immer die Ruderboote zu Wasser lassen, am Bootssteg an der Elbe. Bei der einen Schiene habe ich mir eine Riesenwunde am Knie geholt und auf die andere bin ich mit dem Mund gefallen. Wenn ich meine Unterlippe hochziehe, kann man durchgucken. Das ist kein Problem für Mutter. Sie holt das chirurgische Besteck. Dann kommt die Wasserstoff-Flasche, die wird nie leer! Mein Bruder steht neben mir und paßt auf. Ich weiß genau, daß er mich verhaut, wenn ich jetzt heule und beiße die Zähne ganz fest zusammen.
»Knirsche nicht so mit den Zähnen«, sagt Mutter, »sei lieber froh, daß du dir keinen Zahn ausgeschlagen hast.«
Mein Bruder grinst gemein und freut sich, daß ich eine Woche nicht mitturnen kann. Mutter klebt alles mit Pflaster zusammen. Man kommt sich vor wie im Krankenhaus, und sie ist eine ganz liebe Schwester, obwohl die Behandlung mit der Wasserstoff-Flasche irrsinnig weh tut. Aber der Schmerz läßt schnell nach, wenn die braune Flasche wieder im Medizinschrank verschwindet.
Öhmes haben im Garten einen weißen Fliederbaum. Ich bin mit Dorle hingegangen. Wir durften uns für den Muttertag ein paar schöne Zweige abschneiden. Ich habe auch ein Gedicht aufgeschrieben:

Liebe Mutter, sei so froh
wie der Mops im Paletot,
der auf seinem Throne saß
und verfaulte Äpfel fraß.

Dorle fand das Gedicht etwas merkwürdig, aber sonst ganz toll. Mein Bruder wollte Mutter einen Spiegel schenken.

Er ist bei der Spiegelfabrik um die Ecke über den Zaun gestiegen. Dort haben sie im Hof Spiegel aufgeschichtet, die sie nicht mehr verkaufen können. Mein Bruder ist aber auf der Zaunspitze hängengeblieben und hat sich ein ganz tiefes, ausgefranstes Loch unter der rechten Pobacke geholt. Er kam ohne Spiegel nach Hause gehinkt, die ganze Treppe war voller Blut.

Mein Bruder hat dann auf dem Bauch auf Mutters Bett gelegen. Sie hat ihm gut zugeredet und versprochen, daß sie diesmal nicht mit der Wasserstoff-Flasche kommt. Dafür hat sie ihm eine halbe Tube Jodsalbe in die Wunde gedrückt. Es hörte auf zu bluten, aber mein Bruder war, glaube ich, eine Weile bewußtlos. Mutter sagte, es heilt trotzdem primär.

Er konnte fast 2 Wochen nur auf einer Pobacke sitzen. Daraufhin haben wir endlich nachgesehen, was »primär« heißt. Also, da stand: die Grundlage betreffend, wesentlich, ursprünglich. Wahrscheinlich hat Mutter, wie meistens, recht, denn mein Bruder kann wieder primär Fußball spielen.

Wir haben auch nachgesehen, was eine Hure ist. Das mit dem unehelichen Beischlaf haben wir nicht ganz verstanden, trotzdem aber beschlossen, Mutter lieber nicht danach zu fragen.

Als Sargnägel mit der Wasserstoff-Flasche aufzuwachsen, ist schwierig genug. Für Mutter, für uns und nicht zuletzt für unsere gute Herta.

2. Wir kriegen Besuch

Onkel Franz hat angerufen. Er ist Zahnarzt, Mutters Bruder und der Vater von Mariechen. Das ist unsere Cousine. Er hat gesagt, daß Mariechen jetzt eine Ausbildung in der Palucca-Ballettschule machen will. Mutter hat sich sehr gefreut und gleich geantwortet: »Wie schön, dann kann sie doch bei uns wohnen.«

Zwei Tage später sind wir abends mit der Straßenbahn zum Hauptbahnhof gefahren, um Mariechen abzuholen. Dorle und Alex sind heimlich schon eine Straßenbahn eher gefahren. Sie wollen unbedingt sehen, wie unsere Cousine, die Tänzerin werden will, aussieht. Der große Koffer ist furchtbar schwer. Mein Bruder und ich schleppen uns fast zuschanden. Doch Mutter erklärt, das ist ein Kabinenkoffer und wahrscheinlich sind da die Theaterkostüme drin.

Mariechen ist sehr hübsch – aber schon 18 Jahre alt. Sie hat einen Hut mit Schleier auf und ein sogenanntes Komplet an, von dem Mutter sagt, es wäre sehr schick. Alex meint hinterher, er hätte noch nie eine so große und starke Tänzerin gesehen.

Mariechen zieht im Gästezimmer ein. Unsere Herta hilft ihr und ist ganz weg von den vielen schönen Kleidern.

Als wir zu Bett gehen, hören wir, wie Mutter sich mit Herta unterhält: »Ich wundere mich, daß die Palucca Schüler annimmt, die so massiv sind.«

Mein Bruder sieht sofort im Lexikon nach und liest mir laut vor.

»Also, massiv: 1. ganz aus ein und demselben Material, nicht hohl, 2. fest, wuchtig, 3. stark, grob, heftig ausfallend, in bedrohlicher Weise erfolgend.«
»Du hast einen Knall«, sage ich, »Mutter hat das bestimmt ganz anders gemeint.«
Jeden Abend, wenn Mariechen vom Unterricht kommt, probt sie. Wir haben Mariechen gefragt, ob wir unsere Freunde mitbringen können, um zuzusehen. Mariechen strahlt: »Publikum ist immer willkommen.« Wir sitzen in der äußersten Flurecke auf dem Boden und passen auf. Mariechen braucht viel Platz. Zuerst hält sie sich an einem Stuhl fest und verrenkt ihre Beine gräßlich. Sie kippt ihre Füße ganz nach außen und kommandiert laut. Mariechen hat ein rosa Kostüm an mit einer Rüsche um den Bauch, dünne rosa Schuhe, Größe 42, und eine rosa Schleife im Haar. Alex sagt, sie sieht wie ein Riesenbaby aus. Trotzdem ist es wahnsinnig interessant und wir halten den Atem an, wenn Mariechen Spagat übt. Es knallt entsetzlich, wenn sie sich fallen läßt und die Beine so breit macht. Immer, wenn Mariechen anfängt zu springen, rufen Frankes an, die unter uns wohnen. »Nee, nee«, sagt Alex, »das kann kein Mensch aushalten« – und geht. Er hat leider wenig Kunstverstand.
Mutter bittet Mariechen, doch mehr in der Palucca-Schule zu üben. Mariechen ist ziemlich beleidigt.
Ich merke mir genau, was Mariechen macht und probe in Hemd und Hose vor dem Spiegel im Flur. Ich möchte auch Tänzerin werden. Als ich zu springen anfange, kommt Mutter und sagt: »Jetzt ist es aber genug, eine Tänzerin im Haushalt genügt.«
Ich weiß gar nicht, was Mutter hat. Ich kann es doch schon genauso gut wie Mariechen. Bei mir kracht es auch nicht so, daß Frankes von unten anrufen müssen.

Von Mariechen kann man eine Menge lernen. Sie spricht immer laut Französisch, wenn sie ihre Übungen macht. Das ist Ballettsprache, sagt sie. Wir kriegen diese Sprache erst nächstes Jahr in der Schule. Deshalb passe ich gut auf, wenn Mariechen ihre *Exercices* macht und zähle laut mit: öng, dö, troa, kattre, sänk.

In der Klasse rede ich jetzt von *Arabesque*, stelle mich auf ein Bein und halte das andere ganz nach hinten weg. Bei *Attitude* kippe ich das rechte Bein aus der Hüfte – auch wenn es weh tut – und winkle es an. Alle staunen und versuchen es nachzumachen. Natürlich können sie bei den Positionen ihre Füße noch nicht so verdrehen wie ich.

Eines Tages hat sich Mariechen etwas ausgedacht: Sie will uns die Mondscheinsonate von Beethoven vortanzen, so wie sie das jetzt bei der Palucca gelernt hat. Aus Dankbarkeit, sagt sie, weil sie bei uns wohnen darf.

Mutter meint, es wäre nicht von Übel, Frankes von unten einzuladen, damit sie sehen, was für ein Talent wir in der Familie haben. Vielleicht würden sie dann auch nicht mehr so oft anrufen, wenn sie sehen, wie hoch Mariechen springen kann. Außerdem haben Frankes eine Druckerei, und man weiß nie, wie man die Leute einmal braucht – und wenn es nur für Trauerkarten ist.

Unser Flur ist sehr groß. Mariechen meint, das genügt als Bühne. Wir machen beide Flügel von der Musikzimmertüre auf und stellen alle Stühle dahinter in drei Reihen. Das ist die Publikumsloge.

Natürlich kommen auch Dorle und Alex. Sie haben gute Kleider angezogen. Mein Bruder hält nichts von Alex' Vorschlag, Eintritt zu kassieren. Das ist eine Wohltätigkeitsveranstaltung.

Frankes von unten kommen und auch die Frankes-Kinder Günther und Helga. Das sind zwei blasse Streber, die

nie mit uns spielen wollen und denen wir ungern die Hand geben. Sie haben so feuchte, wabbelige Finger.
Mein Bruder hat in einer Flurecke auf dem Küchenhocker das Grammophon aufgestellt. Mutter hat ihm ihre geliebte Platte, auf der der Pianist Cortot die Mondscheinsonate spielt, zu »treuen Händen« übergeben. Er hat den Apparat mit der Kurbel bis zum Geht-nicht-mehr aufgezogen und die Platte ganz vorsichtig aufgelegt. Es kann losgehen. Wir sind alle sehr gespannt. Nun tritt Mariechen auf! Sie trägt einen langen, schwarzen Rock, ist barfuß und scheußlich geschminkt. Sie verbeugt sich tief und macht dabei einen großen Schritt nach rückwärts. Es ist wahnsinnig aufregend. Dorle seufzt, Alex tritt ihr ans Bein und macht ganz laut »Psst«. Jetzt läßt mein Bruder die Platte laufen.
Mariechen schreitet mit hängenden Armen langsam durch den Flur. Dann verzieht sie das Gesicht und läßt sich mit einem Plumps auf den Boden fallen. Wir erschrecken alle. Aber Mariechen wirbelt wieder hoch und macht einen Riesensatz. Dann steht sie plötzlich ganz schräg, zieht eine Grimasse und kreist mit beiden Armen. Jetzt legt sie die Hände vor das Gesicht und springt wieder. Sie trifft genau den Plattenspieler. Die Nadel ratzt quer über die Platte, bis sie außen im Filz steckenbleibt. Mariechen rennt ins Badezimmer und schließt sich ein. Sie heult ganz laut.
Frankes verabschieden sich sofort und Herta scheucht uns Kinder in die Küche, weil wir so laut lachen müssen. Dabei hat alles so großartig angefangen. Ich kann auf einmal nicht mehr lachen. Mariechen tut mir leid. Ich klopfe an die Badezimmertür, bis sie endlich aufmacht. Die ganze Schminke ist zerflossen. Sie umarmt mich, als ich ihr sage, daß sie trotzdem fabelhaft war. Ich finde, Mariechen hat großes Talent, auch wenn sie massiv ist.

Wir haben in der letzten Stunde Turnen und trödeln in der Umkleide immer so lange herum, bis unsere Lehrerin weg ist. Dann kommt mein Auftritt. Die Turnhalle ist herrlich weit, und ich tanze die Mondscheinsonate. Ich mache es wie Mariechen – nur ohne Musik. Renate sagt, sie hätte die Oper die »Puppenfee« gesehen und das wäre völlig anders. Renate ist dämlich, weil sie nicht weiß, was moderner Tanz ist und auch keine Cousine bei der Palucca hat.
Nach vier Wochen kommt Mariechen vollkommen aufgelöst aus der Ballettschule. Sie kann keine Tänzerin werden. Das liegt an ihrer Figur und an ihrem Talent, hat die Palucca gesagt und hat sie rausgeschmissen. Mutter tröstet Mariechen und ruft Onkel Franz an. Aber der lacht nur und sagt, es wundere ihn, daß es überhaupt so lange gegangen wäre.
Am nächsten Tag begleiten wir alle Mariechen zum Hauptbahnhof. Dorle hat ihr Poesiealbum mitgebracht und läßt sich auf dem Bahnsteig ein Autogramm geben. So fährt also Mariechen nach Würzburg zurück. Mit Hut, Komplet und Kabinenkoffer. »Das war wohl nichts«, meint Alex – und mein Bruder hat ihn deshalb nicht verhauen.
Wir haben uns nach Mariechens Abreise lange unterhalten. Dorle sagt, wir sollen alle zusammenlegen und unserer Mutter eine neue Mondscheinsonaten-Platte kaufen. Wir finden es prima, daß Dorle so denkt. Mein Bruder übernimmt das und besorgt eine neue Schallplatte. Allerdings mit dem Pianisten Gieseking, weil Cortot zu teuer ist.
Mutter freut sich trotzdem unbeschreiblich und lädt uns alle zu Kakao und Rosinenbrötchen ein.

3. Ölsardinen

Also, Ölsardinen sind wirklich eine feine Sache. Wir essen sie unheimlich gern. Wenn es beim Sonntagsfrühstück Ölsardinen gibt, stehen wir auch pünktlich auf.
Ich esse Ölsardinen nicht mehr ganz so gerne, seit mein Bruder mir immer seine Ölsardinenseele auf den Teller legt. Er macht die Ölsardine auf und holt die silberne Schwimmblase raus. Das ist die Seele. Ich soll zwei Seelen aufessen. Seine und meine Ölsardinenseele. Ich tue immer so, als wenn es mir nichts ausmacht, und lasse die beiden Seelen in meiner Serviette verschwinden. Aber mein Bruder sieht das natürlich und sagt, ich wäre feige. Ich weiß nicht, ob es feige ist, wenn man Seelen nicht aufessen möchte. Außerdem graust es mich und ich hoffe jedesmal, daß in der nächsten Büchse Ölsardinen ohne Seelen sind. Aber immer sind fünf Ölsardinen drin, und die haben eben fünf Seelen.
Wir haben noch viel mehr Cousinen. Eine davon ist Ingeborg. Sie ist sehr alt, schon 26 Jahre, und macht gerade ein Examen bei Fröbel-Kindern, oder wie die heißen. Sie will Erzieherin werden. Mutter sagt, es wäre allen damit gedient, wenn sie endlich mal heiratete.
Sie wohnt – Gott sei Dank – nicht bei uns, sondern im Institut. Wir können sie nämlich nicht besonders leiden.
Sie hat immer ein graues Kostüm an, die Haare mit Mittelscheitel streng nach hinten gekämmt und im Nacken

das, was Mutter einen schönen Knoten nennt. Mein Bruder bezeichnet es als blöde Portier-Zwiebel.
Ingeborg kommt am Sonntag meistens zum Abendessen. Aber wir freuen uns gar nicht sehr, wenn sie erscheint, obwohl sie uns immer etwas mitbringt.
Mir hat sie ein kleines Portemonnaie mit Druckknopf geschenkt. Aber der war gleich kaputt und ist herausgefallen. Dann habe ich ein großes Taschentuch bekommen. Aber ein Herrentaschentuch paßt eben nicht in meine Jakkentasche. Sie hat auch zwei Paar Socken für mich gestrickt. Kittegrau, wie ihr Kostüm, mit schwarzen Rändern. Die muß ich immer anziehen, wenn sie kommt. Das ist eine Tortur, weil die oberen Ränder viel zu eng sind und ich eine Weile brauche, bis ich mich hineingequält habe. Immer habe ich ganz rote Ringe an den Beinen, weil die Socken so quetschen.
Mein Bruder sagt, ich solle mich nicht so anstellen. Er bekommt Lesezeichen mit Bibelsprüchen, Waschlappen oder aus »Bildungsgründen« alte Kosmoshefte, die er gleich bei einem Klassenkameraden in Tom-Shark-Kriminalromane umtauscht.
Was meinen Bruder aber am meisten ärgert, ist die Tatsache, daß Ingeborg ihm einmal von Karl May »Im Lande des silbernen Löwen« Band II mitgebracht hat, wo er doch den ersten Band überhaupt noch nicht kennt.
Ingeborg leidet an unaufhörlichen Ratschlägen. Sie weiß alles besser und es ist gut, ihr nicht zu widersprechen. Wir sagen mit Absicht immer *Ingeburg* zu ihr, und sie verbessert uns jedesmal und sagt, wir sollen nicht so sächsisch reden. Immer hat sie was an uns herumzumäkeln. Wir müssen den Teller ganz sauber abessen, man darf nicht hören wie Messer und Gabel darauf klappern. Was auf den Teller kommt, wird gegessen, sagt sie. Als ob wir das nicht

selber wüßten. Auch wenn Vater gestorben ist, haben wir doch eine Mutter, die uns so was beibringt. Vor dem Essen holt sie ein Buch aus ihrer Tasche und »erquickt« uns mit den Losungen für diesen Tag. Deshalb ist das Essen immer so langweilig. Es dauert ewig, bis wir endlich aufstehen dürfen.

Schon beim Sonntagsfrühstück gibt uns Mutter Verhaltensregeln, wenn Ingeborg ins Haus steht: Wir sollen uns anständig aufführen, uns bedanken für das, was sie uns mitbringt – egal, was es ist. Mutter weiß, daß uns das schwerfällt, aber sie ermahnt uns trotzdem. Zum Schluß sagt Mutter immer, wir wüßten doch, daß Ingeborg das Sprachrohr der Familie wäre und an sämtliche Verwandte über alles schriebe, was bei uns passiert. Und es passiert doch dauernd etwas!

Na gut, wir versprechen es wieder, weil wir Mutter nicht blamieren wollen.

Diesmal gibt es die Ölsardinen nicht beim Frühstück, sondern erst abends, wenn Ingeborg kommt. Wir freuen uns schon darauf und hoffen, daß die Tageslosung nicht so lang ist. Fünf Ölsardinen, für jeden eine (hoffentlich ohne Seele), unsere Herta ißt ja auch mit. Ingeborg schmiert sich wie immer ganz dick Butter auf ihren Toast. Sie ißt nur einen und erklärt jedesmal: Qualität ist besser als Quantität! Dabei sieht sie meinen Bruder scharf an, weil der mindestens fünf Toasts verdrückt.

Also, Ingeborg salbt sich die Butter aufs Brot, und dann legt sie drei Ölsardinen nebeneinander darauf.

Uns quellen die Augen heraus.

Mutter macht Gesicht Nummer 1: Wenn ihr ruhig seid, bekommt ihr mehr Taschengeld. Mein Bruder öffnet langsam den Mund.

Mutter macht Gesicht Nummer 2: Denkt doch daran, was

ich euch gesagt habe – und tritt meinen Bruder unter dem Tisch.
Mein Bruder sagt: »Warum trittst du mich dauernd?« Und Mutter entschuldigt sich ganz schnell.
Da macht Mutter Gesicht Nummer 3: ... mir zuliebe ... und wir werden schwach und halten den Mund.
Als Ingeborg endlich gegangen ist, nimmt uns Mutter in die Arme und sagt, wir wären ganz großartig gewesen. Wir bekommen zehn Pfennig mehr Taschengeld. Mutter verspricht, uns zu rächen. Wir haben sie schrecklich lieb.
Und dann kommt die große Verschwörung! Am Tag bevor Ingeborg wiederkommt, rührt Mutter in der Küche Liptauer Quark an. Den essen wir auch sehr gern. Aber Mutter tut diesmal statt süßem Paprika eine große Menge Cayenne-Pfeffer hinein. Wir sollen nichts davon essen, sagt sie und stellt ihn kalt, damit er gut durchzieht.
Diesmal freuen wir uns riesig, wenn Ingeborg kommt. Mutter schiebt ihr den Quark zu und lächelt auffordernd. Es gibt keinen Toast, sondern große Brotscheiben. Also, Ingeborg salbt sich wieder die Butter aufs Brot, und dann häuft sie sich ganz viel Quark darauf. Wir halten den Atem an. Ingeborg macht den Mund weit auf und beißt einen großen Bissen ab. Sie sagt kein Wort, aber ihr Gesicht wird furchtbar rot, und sie hustet entsetzlich. Wir tun, als merken wir nichts. Mutter klopft Ingeborg auf den Rücken, damit sie wieder zu sich kommt. Aber das Allerschönste ist, daß Ingeborg das ganze Brot aufessen muß, weil es eben anständig ist und sie sich nicht blamieren will. Sie ist wirklich sehr tapfer. Bevor sie geht, bittet sie Mutter mit Tränen in den Augen um ein großes Glas Wasser.
»Das hat gesessen«, jubeln wir, »so schnell kommt die nicht wieder!« Trotzdem macht Mutter ein betretenes Gesicht.

4. Prokop und Käferstein

Der Prokop, unser Hausmeister, ist ein ganz gemeiner Mensch. Er wohnt mit seiner Frau und seinen zwei Kindern unten im Keller. Alle gehen ihm aus dem Weg, weil er dauernd schimpft. Vor allem hat er es auf uns Kinder abgesehen und piesackt uns, wo er nur kann.
Die Frau bekommt man kaum zu sehen. Alle sagen, daß sie einem leid tun könne. Sie hat oft ein blaues Auge oder eine kaputte Lippe. Das kommt, weil sich der Prokop abends eine braune Uniform anzieht und mit anderen, die auch braune Uniformen anhaben, in die Kneipen geht. Wenn er heimkommt, vermöbelt er seine Familie, weil er wieder zuviel getrunken hat.
Frankes, die darüber wohnen, hören das Geschrei. Aber da Prokops kein Telefon haben, können sie nicht anrufen und in den Keller trauen sie sich auch nicht.
Wenn ich von Dorle fröhlich nach Hause gehopst komme, steht der Prokop meistens hinter der Haustür. Er zieht mich an den Zöpfen oder am Ohr und sagt dumpf und drohend: »Keinen Lärm im Haus, oder es knallt!«
Mein Bruder muß sein Fahrrad leise die Treppen hinunter tragen. Aber die Biegung zu unserem Keller liegt genau an Prokops Tür, und manchmal eckt mein Bruder mit dem Vorderrad an dieser Tür an. Dann kommt der Prokop wie der Teufel aus seiner Wohnung gefahren und brüllt: »Noch einmal – und du kannst was erleben!«
Wir linsen manchmal durch die Kellerfenster, wenn der

Prokop nicht zu Hause ist. Da sitzen die beiden Kinder ganz verschüchtert in der Ecke, und die Mutter weint. Die Kinder gehen zur Hilfsschule. Die Leute ringsherum sagen, das ist eben eine asoziale Familie! Wir glauben aber, die Kinder können nichts lernen, weil sie so oft verhauen werden. Mutter sagt, wir sollen aufpassen, weil dieser Mann gefährlich ist und sich mit merkwürdigen Leuten trifft.

Letzte Woche hat der Prokop meinem Bruder am Gartenzaun aufgelauert und ihm verboten, das Rad bis zum Haus zu fahren. Er soll es ab jetzt den ganzen Weg tragen. Und wenn er das nicht tut, dann wird er schon sehen!

Wir haben uns mit Alex und Dorle getroffen und eine Weile beratschlagt, was wir machen können. So geht das nicht weiter!

Alex meint, wenn wir Bananenschalen auf die Kellertreppe legen, rutscht er vielleicht aus. Aber wo wollen wir denn so viele Bananenschalen herkriegen? Und wenn nun andere Leute auch ausrutschen? Das ist also nichts!

Dorle meint, wenn wir ein Streichholz in seine Klingel klemmen, klingelt es pausenlos. Doch mein Bruder sagt, das ist Mädchenkram. Dann erschrickt nur die Frau und die Kinder kriegen Haue. Das ist also auch nichts!

Plötzlich lacht mein Bruder und sagt: »Ich hab's! Ihr sammelt ein paar frische Hundegeschäfte und die wickle ich dann in Zeitungspapier.«

Wir sind ganz Ohr. Aber was will mein Bruder mit den frischen Hundegeschäften?

»Die legen wir dem gemeinen Prokop vor die Tür und klingeln.«

Wir wissen immer noch nicht, wo da der Witz ist. Aber mein Bruder erklärt: »In dem Moment, wo wir klingeln, zünden wir das Zeitungspaket an. Der Prokop kommt

raus, tritt die Flammen aus – und hat den ganzen Hundekram an den Schuhen!«
»Du bist genial«, jubeln wir, und ich bin sehr stolz auf meinen Bruder.
Wir treffen unsere Vorbereitungen.
Am Abend weihen wir Mutter und unsere Herta ein, es könnte ja immerhin gefährlich werden. Mutter macht ein bedenkliches Gesicht: »Kinder, Kinder ...« Aber dann sagt sie, man müsse solchen Existenzen endlich mal Paroli bieten. Wir wissen nicht, was das ist, aber uns genügt, daß sie nicht schimpft und wir uns auf sie verlassen können. Dem Teufel vor die Schmiede!
Zu den Vorbereitungen gehört auch, daß unsere Herta die Nummer von Feuerwehr und Polizei notiert und ans Telefon klemmt. Es klappt wunderbar.
Der gemeine Prokop tritt erwartungsgemäß die Flammen aus und brüllt wie besessen. Er rast die Treppe hoch und donnert an unsere Wohnungstür.
»Ich bringe euch alle um!« Mutter sieht durch das Guckloch, daß der gemeine Prokop ein großes Messer in der Hand hat. »Das genügt«, sagt sie und ruft sofort die Polizei an. Die kommt auch ziemlich schnell und nimmt den gemeinen Prokop mit. Weil man bei ihm das Brillantarmband vom letzten Einbruch bei Gieseckes findet, muß er vier Jahre ins Kaschott (Gefängnis). So steht es jedenfalls in der Zeitung.
Da kann man mal sehen, was frische Hundegeschäfte für eine unerhörte Wirkung haben! Alle im Haus atmen auf. Aber da bleibt eben die Frau mit den beiden Kindern zurück. Ich gehe mit Dorle an die Elbwiese und pflücke einen schönen Blumenstrauß. Dann klingeln wir unten bei Prokops. Es dauert eine Weile, ehe Frau Prokop öffnet. Ich sage einfach: »Wir möchten Sie gerne besuchen«, und

überreiche ihr den Strauß. Sie weint. Und dann sitzen wir in der Küche. Weil sie keine Vase hat, stellt sie den Strauß in einem Einweckglas auf den Tisch. Da hocken die Kinder und es riecht nicht gut. Aber wir bleiben trotzdem und sagen: »Also, das tut uns schrecklich leid und wir möchten die Kinder zum Spielen abholen.«
Die wollen erst gar nicht. Aber schließlich kommen sie doch mit, und oben hat unsere Herta schon Kakao gemacht, und es gibt Rosinenbrötchen. Wir müssen den Prokop-Kindern ziemlich zureden, ehe sie endlich essen und trinken. Doch zum Glück erscheint Mutter und findet wie immer die richtigen Worte.
Dorle und ich machen jetzt jeden Tag Schularbeiten mit den Prokop-Kindern. Mutter glaubt, wenn das so weitergeht, dann bekommt sie die Kinder bestimmt aus der Hilfsschule raus. Sie sind nämlich nicht so doof, wie sie aussehen. Frau Prokop hilft unserer Herta jetzt bei der großen Wäsche, und sie kann bei Frankes und bei Fräulein Käferstein saubermachen.
Fräulein Käferstein wohnt über uns und ist bestimmt schon 70 Jahre alt. Viele Leute sagen, sie wäre eine verschrobene Alte und nicht ganz richtig im Kopf. Das ist aber gar nicht wahr! Das Fräulein Käferstein ist eine ganz liebe alte Dame. Auch wenn sie sich so komisch anzieht und ihre dünnen Zöpfe wie Schnecken um die Ohren steckt. Ihre Wohnung ist ein Museum. Auf dem roten Plüschsofa und den Sesseln liegen lauter weiße Häkeldeckchen. Auf dem Schreibtisch steht ganz groß Bismarck in Eisen. In der Vitrine sind viele Figürchen aus Meißner Porzellan. Im Bücherschrank hat sie eine Menge Bildbände von den Befreiungskriegen, und daneben hängt ein gesticktes Bild von der Erschießung der Schillschen Offiziere. Auf der Anrichte ist ein siebenarmiger Leuch-

ter, darüber das Ölgemälde von ihrem Vater, dem Professor Käferstein.
Das beste an Fräulein Käferstein ist ihr dicker, fetter Kater Pussi. Der ist faul, läßt sich gern von uns streicheln und schnurrt wie eine Nähmaschine. Immer, wenn wir nicht wissen, was wir anfangen sollen, gehen Dorle und ich zu Fräulein Käferstein. Dann lümmeln wir auf dem Teppich und sehen uns Schlachtenbilder aus den Befreiungskriegen an. Zwischen uns liegt Pussi und schnurrt. Es ist eine herrliche Ruhe bei Fräulein Käferstein. Sie will nichts von uns, und wir wollen nichts von ihr. Sie freut sich, wenn wir sie besuchen, denn sie ist einsam. Immer hat sie eine Tüte Pfefferminzchen für uns.
Am Küchenfenster hat Fräulein Käferstein auf dem Fensterbrett ein Beet mit Gras. Pussi braucht Grünes. Aber daneben ist eben auch ein Vogelhäuschen mit Futter für die Spatzen. Das ist eigentlich das einzige, was uns an Fräulein Käferstein nicht gefällt. Auch wenn Pussi dick und faul ist, er frißt grünes Gras und fängt Spatzen!
Fräulein Käferstein hat aber auch »Mensch-ärgere-dich-nicht« und Spielkarten. Wir lernen bei ihr ein ganz vertracktes Rommé.
Mutter hat dafür oft keine Zeit, aber Fräulein Käferstein ist unermüdlich. Auf einem Block werden alle Punkte aufgeschrieben. Wir haben viel Spaß miteinander und merken gar nicht, wie alt Fräulein Käferstein ist. Sie könnte in unsere Klasse gehen, wenn sie nicht so komisch aussähe.
Wir haben mit ihr über den gemeinen Prokop gesprochen und von unserem Komplott erzählt. Fräulein Käferstein ist ganz rot geworden, hat eine Haarnadel aus ihren Schnecken gezogen und sich am Kopf gekratzt. Dann hat sie gesagt:
»Oi..oi..oi, Gewalt geschrien ..., Recht ist geschehen ...!«

Sie hat die unterste Schublade von ihrem Schreibtisch aufgezogen und mir ein Buchzeichen mit einem Stern und ganz merkwürdigen Buchstaben gegeben. Dabei hat sie den Finger an den Mund gelegt, und ich habe das Buchzeichen in meiner Jacke versteckt. Das hebe ich gut auf, denn nun habe ich ein wunderbares Geheimnis mit dem guten Fräulein Käferstein.

Mittwochs geht Fräulein Käferstein immer zum Einkaufen. Da gehen Dorle und ich gern mit. Wenn man zum Schillerplatz läuft, ist das eine ziemliche Strecke. Mit dem Bus sind es nur drei Haltestellen. Fräulein Käferstein sagt, im Bus wird ihr schwindelig. Wir glauben aber, sie will das Geld sparen. Weil sie recht klapperig ist und am Stock läuft, helfen wir, die Taschen zu tragen. Da können wir uns auch auf dem Weg gut mit ihr unterhalten. Das heißt, sie redet eigentlich nicht viel, aber sie hört uns eben sehr aufmerksam zu, wenn wir ihr von unserer Klasse, den frechen Jungs – und überhaupt von allem erzählen.

Letzten Mittwoch ist etwas Schreckliches passiert: Wir gehen gerade so, als plötzlich zwei große Jungs kommen. Die kennen wir genau! Ihr Vater hat auch eine braune Uniform und ist bei dem gemeinen Prokop oft zu Besuch. Die Jungs schupsen sich herum und tun so, als ob sie stolpern. Dabei stoßen sie absichtlich Fräulein Käferstein, daß sie umfällt. Auf der anderen Straßenseite gehen Leute. Die bleiben stehen, gucken zu, schütteln den Kopf und laufen einfach weiter, obwohl sie doch alles gesehen haben. Dann sind die Jungs weg. Wir heben Fräulein Käferstein auf. Sie ist entsetzlich blaß. Wir führen sie langsam nach Hause und klingeln bei uns Sturm. Mutter legt Fräulein Käferstein gleich auf ihrem Bett lang, damit sie sich ausruhen kann. Gott sei Dank ist ihr nichts passiert, nur eine Ohr-

schnecke ist aufgegangen, und der dünne Zopf hängt herunter.
Seitdem gehen wir mit unserer Herta für das gute Fräulein Käferstein einkaufen. Mein Bruder sagt, die können vielleicht was erleben. Die kriegen von uns eine tüchtige Abreibung! Er bespricht sich mit seinen Freunden.
Was ich nicht verstehen kann, ist, daß die Leute auf der anderen Straßenseite nur den Kopf geschüttelt haben – und einfach weitergegangen sind.

5. Abschiede

Unsere Mutter hat sieben Freundinnen, und die treffen sich beim Kaffeekränzchen reihum. Wir mögen die Kränzelschwestern gern. Sie haben alle Kinder, mit denen wir oft spielen. Wenn das Kränzel bei uns stattfindet, ist das eine besondere Sache. Wir warten, bis sie alle Kaffee getrunken haben und dann ins Wohnzimmer gehen. Kaum ist die Tür zu, flitzen wir ins Eßzimmer und holen uns den übriggebliebenen Kuchen.
Eine von den Kränzelschwestern ist Tante Liesel. Seligs haben auch zwei Kinder, der Vater ist Rechtsanwalt. Siegfried ist blond und hat blaue Augen, Nanas Locken sind genauso dunkel wie meine. Wir waren alle zusammen in der Oper und haben nachmittags »Hänsel und Gretel« und »Die Puppenfee« angesehen. Hinterher haben wir noch bei Seligs gegessen, und wir Kinder durften sehr lange aufbleiben, weil sich die Eltern so viel zu erzählen hatten.
Gestern ist Mutter mit uns zum Schillerplatz gelaufen und hat uns plötzlich in einen Hausflur vor dem Café Toscana gezogen, wo wir manchmal Mohrenköpfe bekommen. Das war ein langer, dunkler Flur, und da standen Tante Liesel und die beiden Kinder. Mutter und Tante Liesel haben sich ganz eng umarmt und geweint. Wir standen vor den Kindern und wußten gar nicht, was los war. Aber die haben auch geweint, und da haben wir sie eben auch umarmt.
Dann sind wir ganz schnell mit Mutter wieder aus dem Hausflur gegangen. Zu Hause hat Mutter erzählt, daß

Seligs jetzt in die Schweiz umziehen. Später wollen sie sogar nach Palästina auswandern. Wir finden das sehr schade, aber irgendwie beneiden wir Siegfried und Nana, daß sie so weit in die Welt hinaus reisen dürfen.
Nun hat Mutter nur noch fünf Kränzelschwestern. Tante Lotte Reimann ist auch plötzlich umgezogen. Die ganze Familie ist nach Frankreich gefahren. Mutter ist traurig. Uns macht das eigentlich nicht so viel aus. Die beiden Reimann-Mädchen sind nämlich sehr zimperlich. Immer haben sie Lackschuhe an und passen auf, daß ihre schönen Kleider ja nicht schmutzig werden. Mit denen kann man überhaupt nicht richtig herumtoben, weil da ein Kindermädchen ist, das alles verbietet.
Doktor Rund, unser Kinderarzt, kommt manchmal bei uns vorbei. Auch wenn wir nicht krank sind. Dann sitzt er mit Mutter im Wohnzimmer und unterhält sich mit ihr. Wir haben ihn sehr gern, weil er Spaß mit uns macht. Er sieht in Mutters Medizinschrank nach, ob etwas fehlt und schreibt Rezepte für Sachen, die Mutter für uns braucht. Er vergißt nie die braunen Halstabletten, die so gut schmecken und eine ganz gelbe Zunge machen.
Diesmal bleibt er länger als sonst. Als er endlich gegangen ist, sitzt Mutter sehr traurig da. Vor ihr steht ein siebenarmiger Leuchter, den ihr Doktor Rund zum Aufbewahren mitgebracht hat. Er zieht auch um und fährt mit dem Schiff sogar nach Südafrika. Da kann er seinen Leuchter nicht mitnehmen, sagt Mutter. Dann stellt sie den Leuchter auf den Flügel. Sie zeigt uns, daß man die Kerzenarme so verdrehen kann, daß er fast wie ein Adventsleuchter aussieht. Und dann müssen wir versprechen, daß wir gut auf ihn aufpassen, weil er ein Erbstück von Doktor Runds Familie ist. Na klar, das ist doch Ehrensache für uns!
Unsere Cousine Mariechen, die Tänzerin werden wollte,

ist ja nun wieder zu Hause in Würzburg. Aber weil ich nicht aufhöre, sie nachzumachen und herumzutanzen, hat mich Mutter in die Bewegungstanzschule von Tante Eka und ihrer Schwester gebracht. Die wohnen in einer prächtigen Villa an der Elbe. Vor dem Haus sind rechts und links zwei große Hirsche aus Bronze, und im Garten steht ein ganz seltener Tulpenbaum.
Wir kennen Tante Eka und ihre Schwester schon lange. Sie kommen zu allen Kindergeburtstagen und machen Spiele mit uns. Tante Eka ist Tanzlehrerin, die Schwester begleitet den Unterricht auf dem Klavier oder schlägt den Takt auf dem Tambourin.
Ich bin überglücklich, weil ich nun das Tanzen richtig lernen kann. Am meisten freue ich mich immer auf den Schluß der Stunde. Dann dürfen wir »frei improvisieren«, wie Tante Eka sagt. Wir bekommen das Tambourin und können uns selbst was ausdenken.
Wir haben lange für eine Aufführung geprobt. Die ist in der Aula vom Schiller-Gymnasium. Wir kriegen richtige Theaterkostüme und weiße Perücken und stellen Meißner Porzellanfiguren dar. Auf die Bühne werden zwei Kisten geschoben, und da steht drauf: Vorsicht Porzellan – nicht stürzen. Dann werden die Deckel aufgemacht, und zwei starke Männer heben uns einzeln heraus und bauen uns auf der Bühne auf. Wir müssen ganz steife Ellbogen machen, damit sie uns auch richtig zu fassen bekommen. Wir sind geschminkt und gepudert und schrecklich aufgeregt. Wenn die Musik einsetzt, tanzen wir Menuette mit vielen Verbeugungen. Es klappt wunderbar, und ich fühle mich wie im Himmel!
Mutter, Herta und mein Bruder sitzen in der ersten Reihe und winken mir zu. Das ist ein großer Tag, es steht auch in der Zeitung.

Zwei Wochen später kommen Tante Eka und ihre Schwester wieder mal zu Besuch. Sie möchten aber allein mit Mutter reden. Wir sollen spielen gehen.
Abends sitzt Mutter lange an meinem Bett. Sie nimmt mich ganz lieb in den Arm und – dann kommt es: Tante Eka und ihre Schwester müssen auch umziehen! Die Tanzschule ist geschlossen worden und ich darf nicht mehr hingehen. Mutter sagt, sie weiß, was das für mich bedeutet, und versucht mich zu trösten. Sie gibt mir das Tambourin, das Tante Eka für mich dagelassen hat. Das ist so schlimm, daß ich gar nicht weinen kann, und mir wird ganz schlecht. Ich kann das alles nicht begreifen. Warum ziehen denn alle Leute, die einen siebenarmigen Leuchter haben, plötzlich um?
Am nächsten Tag gehe ich an die Elbe und werfe meine Tanzschuhe und das Tambourin ins Wasser. Ich bin todtraurig und will nie mehr tanzen. Dann besuche ich das gute Fräulein Käferstein und heule mich richtig aus. Sie soll mir sagen, ob sie nun auch umzieht, weil sie so einen Leuchter hat. Aber sie schüttelt den Kopf und meint, dazu wäre sie viel zu alt – und was solle denn aus dem Kater Pussi werden?
Mutter wartet alle Tage auf Post von unseren Freunden. Aber niemand schreibt uns. Erst nach langer Zeit kommt endlich ein Brief von Doktor Rund aus Johannesburg/Südafrika, den er schon im Mai 1937 abgeschickt hat. Er arbeitet jetzt als Pfleger in einem Hospital. Daß er Arzt ist, erkennen sie dort nicht an. Er muß alles in englischer Sprache nachholen. Aber er schreibt, er schafft das schon und läßt uns alle herzlich grüßen.
Heute war der Direx in unserer Klasse. Er hat eine braune Uniform angehabt und als erstes laut »Heil Hitler« gesagt. Dann hat er uns verkündet, daß Golda Mandelbaum,

die in der 2. Reihe sitzt, die Schule verlassen hat, und daß wir nun eine rein deutsche Klasse sind. Hinterher mußten wir auch alle laut »Heil Hitler« rufen.
Wenn ich abends im Bett liege und Mutter das Licht ausgemacht hat, denke ich immer: Lieber Gott, beschütze alle Leute, die einen siebenarmigen Leuchter haben. Und bitte unsere Familie auch, denn wir haben genauso einen, der steht auf dem Flügel.

6. Der Waldpark

Wir sind oft im Waldpark. Wir kennen viele Leute, die da spazierengehen und treffen uns auch mit unseren Freunden auf dem Spielplatz. Wenn es heiß ist, ist dort immer Schatten. Die hohen Bäume sind so ineinander gewachsen, daß man manchmal den Himmel gar nicht mehr sieht. Überall stehen Bänke, die Vögel singen den ganzen Tag, und es gibt viele Eichhörnchen. Die flitzen an den Stämmen rauf und runter und springen über die Äste. Sie sind so zutraulich, daß sie sich füttern lassen. Wenn man ruhig stehenbleibt, kann man den Eichhörnchen-Kindern zusehen, wie sie spielen. Das sieht vielleicht putzig aus. Ich wollte, ich hätte so ein kleines Eichhörnchen! Mein Bruder hat schon oft versucht, eines zu fangen. Nur sind die eben viel schlauer als wir. Sie fressen uns aus der Hand, aber wenn wir zugreifen wollen – husch – sind sie weg, laufen ein Stückchen den Baum hinauf und gucken ganz frech, als ob sie uns auslachen.

Jeden Tag kommt ein alter Mann mit einem Koffer und setzt sich auf die Bank unter der großen Eiche. Er hat einen komischen Mantel an, auch im Sommer, einen schwarzen, langen, mit einem Cape an den Schultern. Um den Hals hängt ein Schal, weiß mit Fransen, der vorn und hinten herunterbaumelt. Er trägt immer einen großen schwarzen Schlapphut, hat weiße Haare und einen langen Bart. Das Schönste ist sein Gesicht. Da scheint richtig die Sonne. Man möchte ihn immerzu angucken, weil er so fröh-

lich ausschaut. Wir nennen ihn den Bruder vom Nikolaus. Wenn wir vorbeikommen, setzen wir uns gern zu ihm.
Das Großartigste aber ist der Koffer! Oben am Griff ist ein Schild, da steht: Garantiert echt Vulkanfiber. Der Koffer hat lauter Löcher. Manchmal läßt uns der Nikolaus-Bruder seinen Koffer aufmachen. Und nun kommt die Sensation: Aus dem Koffer steigt ein Huhn, und das heißt Emma!
Emma pickt und scharrt auf dem Waldboden und frißt unsere Zwiebackkrümel auf. Es ist ein großes, dunkelbraunes Huhn, und der alte Mann ist glücklich, weil sich seine Emma hier so wohl fühlt. Alle kennen den Nikolaus-Bruder, und niemand würde Emma was zuleide tun. Die Leute nehmen ihre Hunde an die Leine, wenn sie vorbeikommen, und grüßen höflich. Man erzählt, daß der alte Mann einmal ein bekannter Künstler war, bis er krank wurde.
Wir kennen seine Krankheit. Unter dem großen, weißen Bart ist nämlich ein Riesenkropf. Wenn er sich mit uns unterhält, schnauft er zwischendurch ganz laut. Das klingt, als ob man durch eine Gießkanne bläst. Deshalb hat er es auch schwer, Emma wieder einzufangen, damit er sie im Koffer nach Hause tragen kann.
Er ruft: »Puuuuuut, putt, putt«, und Emma kommt sofort. Aber dann schnauft er so – und Emma rennt wieder weg. Wenn es gar nicht mehr geht, holt der alte Mann Rosinen aus der Tasche. Dann klappt es endlich. Er packt Emma, setzt sie auf seinen Schoß, streichelt sie und verstaut sie wieder im Koffer. Emma lebt bei ihm auf dem Balkon in einem Häuschen und legt sogar Eier.
Ich habe Mutter schon so oft gefragt, ob wir nicht auch ein Huhn haben können. Sie hat gesagt, das käme gar nicht in Frage und ich solle endlich mit der Bettelei aufhören.

Wir kennen auch eine alte Dame. Die hat einen winzigkleinen Hund, so ein richtiges Spinnenbeinchen. Diese Dame ist ebenfalls etwas merkwürdig. Sie hat eine rosa Federboa um und einen ganz verrückten Hut auf. Am Anfang sind wir immer stehengeblieben, wenn sie »Caesar hopp ... Caesar hopp ...« gerufen hat. Wir dachten, jetzt kommt mindestens ein Schäferhund oder eine Dogge. Aber nein – da wieselt das Hündchen daher. Das ist ein ganz raffinierter Winzling! Es hinkt plötzlich auf drei Beinen und tut schwerverletzt. Dabei will es bloß geliebelt sein. Die alte Dame bedauert es, und das kleine Biest leckt ihr das Gesicht ab. Dann sind beide zufrieden.
Mein Bruder sagt, das ist die richtige Frau für den Nikolaus-Bruder. Wenn es gelingt, die beiden zu verheiraten, bekommen wir vielleicht fünf Mark. Er redet lang mit der alten Dame. Er erzählt eine Menge von der großen Tierliebe, und nach einer Weile kommt sie auch tatsächlich mit zu der Bank, wo unser alter Freund mit seiner Emma ist. Eine Katastrophe! Das Spinnenbein kriegt Angst vor Emma und kläfft, daß einem die Ohren klingeln. Emma rennt weit weg. Die alte Dame drückt ihren Caesar unter die Federboa, sagt etwas von einer unverschämten Zudringlichkeit und verschwindet empört. Wir haben ziemliche Mühe, Emma wieder zur Bank zurückzutreiben. Der Nikolaus-Bruder ist froh, daß er seinen Liebling wieder hat. Er lacht, schnauft und sagt: »Das haben wir ja ganz gut hinter uns gebracht«, und ist uns kein bißchen böse.
Mitten im Waldpark sind die großen Tennisplätze von Herrn Brosig. Da kann man im Sommer schön zugucken, wenn sie spielen. Im Winter werden die Plätze mit Wasser gespritzt. Das ist dann die Eisbahn. Wir gehen fast jeden Tag hin zum Schlittschuhlaufen. Es gibt aber auch eine richtige Rodelbahn, da trifft sich mein Bruder mit seinen

Freunden, wenn sie vom Eislaufen kommen. Manchmal gibt uns Mutter einen Groschen, damit wir uns einen Punsch kaufen können. Oft habe ich so klamme, steife Finger, daß ich die Schlittschuhe nicht abkriege. Dann laufe ich so den ganzen Weg nach Hause. Auch die Treppen bis zur Wohnung. Die feuchten Handschuhe bleiben an den Klinken hängen, daß man sie richtig abreißen muß. Mutter wickelt meine erstarrten Füße in ihren Umhang. Erst tut es weh, dann kribbelt es aber. Schließlich kriecht eine wunderbare Wärme hoch und alles, alles ist wieder gut.
Weil ich mich gerade an Mutter gekuschelt habe, fasse ich Mut und erzähle ihr von dem Mann, der immer am hinteren Zaun steht, dort, wo wir Mädchen Schlittschuh laufen. Der klappt einfach seinen Mantel auf, da ist die Hose offen, und alles hängt heraus! Mutter ist entsetzt. Ich sage ihr, daß wir schon mit Herrn Brosig gesprochen haben. Trotzdem telefoniert Mutter sofort mit ihm. Er meint, Mutter solle sich keine Sorgen machen, die Polizei sei längst benachrichtigt.
Mutter will auch Dorles Mutter anrufen. Aber da fange ich an zu weinen und bitte sie, das lieber nicht zu machen. Dorle hat nämlich zu Hause nichts erzählt, weil ihre Eltern sagen, wir hätten zu viel Phantasie und würden uns was einbilden. Eigentlich darf ich nun nicht mehr in den Waldpark zur Eisbahn. Aber Dorle und ich gehen eben doch wieder hin, weil wir so gern eislaufen und die Walzermusik so schön klingt. Wir haben mit einem älteren Mädchen darüber geredet, aber die hat nur gesagt: »Pfui, darüber spricht man nicht – und außerdem ist das gar nicht wahr!« Dann ist sie zu ihren Freundinnen gelaufen. Sie haben getuschelt und mit dem Finger auf uns gezeigt. Deshalb haben wir ein Alarmsystem ausgemacht: Wenn der schreckliche Mann kommt, bleibe ich da und laufe

weiter, als wenn nichts los wäre. Ich beobachte genau, was er anhat und wohin er geht. Dorle flitzt, so schnell sie kann, zu Herrn Brosig, und der ruft die Polizei. Dann ist es soweit: Mir ist ganz schlecht vor Angst. Mein Herz klopft furchtbar schnell! Aber diesmal ist die Polizei ganz in der Nähe, und zwei Männer nehmen den Mann mit.
In der Zeitung steht, daß es der Umsicht von zwei Kindern zu verdanken ist, daß der Waldpark von einem lange gesuchten Sittenstrolch befreit werden konnte. Mutter muß deshalb zur Polizei.
Dorles Eltern schimpfen, weil Dorle angeblich keinerlei Vertrauen zu ihnen gehabt hat. Hinterher sieht eben alles ganz anders aus. »Mit euch kommt man aus den Sorgen nicht heraus«, sagt Mutter und nimmt mich ganz fest in den Arm. Mutter hat Sorgen, aber wir haben schlimme Träume!
Obwohl nun alles vorbei ist, warten wir nie mehr, bis Herr Brosig die vielen schönen, bunten Lichter anmacht, wenn es anfängt, dunkel zu werden, und gehen eher nach Hause. Die Jungs lachen uns aus und sagen, wir wären doch sonst nicht so feige. Was soll hier schon im Waldpark passieren? Aber, was wissen die denn überhaupt?!

7. Wir sind musikalisch

»Nein«, sagt Mutter, »meine Geduld ist am Ende! Das hat ja alles keinen Sinn. Morgen melde ich dich ab.«
Mein Bruder strahlt. Er braucht nicht mehr zur Klavierstunde. Aber wie ist denn das eigentlich gekommen?
Um die Ecke ist ein Einfamilienhaus – ganz hinten im Garten -, und da wohnt der Pianist Kunath. Im Sommer, wenn die Fenster alle aufstehen, kann man ihn bis zu uns auf dem Klavier toben hören.
Mutter sagt, wir sind eine musikalische Familie. Mein Bruder kann wunderbar durch die Zähne pfeifen. Deshalb geht Mutter zum Pianisten Kunath, der ziemlich bekannt ist und Konzerte gibt, und meldet ihn als Klavierschüler an. Was Mutter aber nicht ahnt, ist, daß der Bruder vom Pianisten Kunath ein Motorrad hat. Das gibt für meinen Bruder den Ausschlag! Er geht also zur Klavierstunde, aber hinterher flitzt er in die Garage zum Kunath-Bruder, der dauernd an seinem Motorrad herumtüftelt. Die beiden verstehen sich großartig, und mein Bruder darf manchmal auf dem Motorrad mitfahren. Ich weiß das – unsere Mutter nicht – sonst hätte sie es bestimmt verboten. Motorrad und Herumrasen – das ist ja lebensgefährlich!
Eines Abends erzählt mir mein Bruder, daß sie sogar bis Pillnitz gedonnert sind und viele Zettel in die Briefkästen gesteckt haben. Das ist geheim, weil da etwas gegen »Heil Hitler« draufsteht. Wenn ich ein Sterbenswort davon verrate, verdrischt er mich so furchtbar, daß ich nicht mehr

laufen kann. Ich finde das wahnsinnig interessant und schwöre beim Würzburger Öhmchen, daß ich schweige. Schade, daß ich ein Mädchen bin und nicht auch mit Motorrad fahren kann.
Nun lernt mein Bruder also bei dem Pianisten Kunath das Notenlesen. Was ihn aber ärgert, ist die merkwürdige Methode, wie der ihm das Klavierspielen beibringt. Damit die Hand schön rund bleibt, muß mein Bruder immer einen kleinen Ball auf der Kante unter den Tasten mitlaufen lassen. Der ist so groß wie ein Ping-Pong-Ball und fällt dauernd runter. Zu Hause schießt er den Ball vor Wut überall herum, damit er weg ist. Aber der Pianist Kunath hat immer einen neuen Ball. Am meisten wurmt meinen Bruder, daß er so oft üben soll und ich – obwohl ich keine Klavierstunde habe – alle Fingerübungen und Tonleitern viel schneller und besser spielen kann. Als er bei der Nr. 12 der Klavierschule, dem »Kleinen Marsch«, angekommen ist, spiele ich den ganz ohne Fehler nach. Da wird er so böse, daß er nicht mehr ans Klavier geht.
Darum sagt Mutter: »Schluß! Und komme bloß nicht und mache mir später Vorwürfe!« Und meldet ihn ab.
Das trifft sich ganz gut, denn der Pianist Kunath geht auf Konzertreise. Der Bruder mit dem Motorrad bleibt da. Dafür sitze ich jetzt am Flügel und spiele alle Übungsstücke und Fingerübungen rauf und runter. Das macht mir einen Heidenspaß, besonders, weil sich dann mein Bruder ärgert.
Eines Tages steht mein Bruder mit seiner Zwille hinter der Gartenmauer. Da kommt der Günther von Frankes, die unter uns wohnen. Dieser blasse Junge mit den pappigen Händen. Der fragt – so nebenbei ganz harmlos: »Mit was schießt du denn?«
Mein Bruder zeigt ihm die Papierrollen, die er anspuckt,

damit sie schön hart sausen. Aber der Günther bohrt weiter: »Hast du auch Stahlkrampen?«
Er wird ganz rot, kriegt Spiegeleieraugen, weil das etwas ganz Verbotenes ist. »Na klar«, sagt mein Bruder und holt eine aus seiner Hosentasche. Das interessiert den Günther natürlich. Weil er selbst keinen Mut hat, stellt er sich hinter meinen Bruder und sagt leise: »Dann schieß mal!«
Das macht mein Bruder und trifft genau dem Auto, das vorbeifährt, in die Scheibe. Der Autofahrer hält sofort an. Der Günther bekommt es mit der Angst, rennt um die Mauer herum und auf den Weg zum Haus. Das sieht der Autofahrer, kriegt den Günther zu fassen und verhaut ihn ordentlich. Mein Bruder bleibt hinter der Gartenmauer stehen und sieht seelenruhig zu.
Am Abend klingelt es bei uns. Da kommt Herr Franke, Günthers Vater. Er ist sehr aufgeregt und will Mutter sprechen. Wir lauschen an der Wohnzimmertür. Mutter bietet ihm erst einmal einen Cognac an, und dann noch einen. Da beruhigt sich der Herr Franke langsam. Als er nach einer Stunde geht, sehen wir durch die Türritze, wie er Mutter einen Handkuß gibt. Wir hören, wie er sagt: »Wir waren doch auch Kinder und haben unsere Streiche gemacht. Aber der Günther ist eben ein rechtes Muttersöhnchen.«
Mutter lacht charmant und antwortet: »Dem läßt sich abhelfen.« Was wir nicht mitbekommen haben, weil uns das Lauschen zu langweilig wurde, ist etwas ganz anderes: Frankes Helga spielt recht gut Klavier. Das Fräulein Bernhard, das sie unterrichtet, wird zu uns kommen, um sich anzuhören, was ich auf dem Klavier so mache. Das verrät mir Mutter am nächsten Tag. Ich finde das toll und bin gespannt wie ein Flitzebogen.
Dann ist es endlich soweit, und ich öffne die Tür. Da steht

eine dickliche Person mit einer Olympiarolle, das ist das Fräulein Bernhard. Eine Olympiarollenfrisur ist jetzt sehr modern, und ich weiß von Dorles Mutter, wie das geht. Man klemmt die Haare zwischen ein Gummigestell und steckt sie rechts und links hinter den Ohren fest. Dann hat man hinten am Kopf eine Wurst wie eine Regenrinne. Das finden die Leute schön.
Also, da steht Fräulein Bernhard. Sie sieht mich an, und ich sie, und wir mögen uns sofort. Der Nikolaus-Bruder im Waldpark hat ein liebes Sonnengesicht. Fräulein Bernhard aber hat ein Mondgesicht, und wenn man genau hinsieht, kann man in ihren Augen kleine Sterne funkeln sehen. Sie setzt sich mit Mutter ins Musikzimmer, und ich spiele auf dem Flügel alles, was mein Bruder bei dem Pianisten Kunath nicht gelernt hat. Fräulein Bernhard ist außerordentlich beeindruckt. »Das ist das Talent, nach dem ich immer gesucht habe«, sagt sie zu Mutter, und ich bekomme sofort meine erste Klavierstunde. Hurra!
Mit dem Notenlesen ist das so eine Sache. Ich lerne sie lesen, aber mir fehlt einfach die Verbindung zu den Klaviertasten. Da weiß sich Fräulein Bernhard zu helfen. Sie spielt mir einfach alles vor, und das kapiere ich sofort. Wir spielen oft vierhändig – Diabelli. Wenn ich den Schluß noch nicht kann, mache ich ruhig weiter, denke mir etwas aus, und es paßt immer großartig. Jedesmal, wenn Fräulein Bernhard da ist, spiele ich ihr erst mal ein paar Stücke vor, die mir in den Sinn gekommen sind. Dann sagt sie zu Mutter: »Das Kind komponiert!«
Mutter wundert sich gar nicht. Der Urgroßvater hat komponiert, das Würzburger Öhmchen war eine berühmte Oratoriensängerin, unser Vater hatte eine herrliche Stimme, alle haben sie wunderbar Klavier gespielt. Wir sind eben eine musikalische Familie!

Von Fräulein Bernhard lerne ich eine Menge. Ich muß mir bei Herrn Böser ein Notenheft kaufen. Da schreiben wir viele Noten und Harmonien hinein. Aber das ist für mich wie Rechnen in der Schule. Da bin ich eben keine Leuchte. Ich habe die Musik in meinem Kopf und höre, was richtig ist. Ich mag es viel lieber, wenn mir Fräulein Bernhard aus dem Leben der berühmten Komponisten erzählt. Wenn sie zu uns kommt, sieht sie sich zuerst meine Finger an. In ihrer Tasche hat sie eine kleine Schere. Damit schneidet sie meine Fingernägel immer ganz kurz, damit ich mit den Klaviertasten »verwachse«, wie sie sagt. Die Klavierschule von meinem Bruder legt sie einfach beiseite. Dafür spielt sie mir den »Minutenwalzer« von Chopin vor und erklärt mir, daß Chopin damals ein kleines Hündchen beobachtet hat, das sich immer im Kreise drehte, um seinen Schwanz zu fangen. Und ich spiele den Minutenwalzer und sehe das Hündchen deutlich vor mir.
Der Günther von Frankes erzählt uns, daß Fräulein Bernhard einen Bandwurm hat. Sie wird manchmal rot und weiß, und dann betupft sie sich mit Klosterfrau Melissengeist. Ich gucke jetzt immer auf ihren Bauch, ob sich da was bewegt. Fräulein Bernhard geht deshalb auch nie ins Kino, weil ihr bei den vielen Menschen schlecht wird. Ihr wird auch elend, wenn man mit den Zähnen knirscht. Das braucht der Günther meinem Bruder nicht zweimal zu sagen.
Eines Tages wird Fräulein Bernhard einfach ohnmächtig. Sie kommt ins Krankenhaus. Dort machen sie den Bandwurm endlich weg. »Gott sei Dank«, sagt Mutter, »das war ja eine rechte Angstpartie.«
Ich bin froh, daß sie wieder da und normal ist. Inzwischen habe ich von Frankes Helga zwei Clementi-Sonatinen gelernt. Die spiele ich ihr zur Begrüßung vor. Aber das Merk-

würdige ist, daß sich Fräulein Bernhard gar nicht so sehr darüber freut.
»Du mit deiner Fingerfertigkeit«, sagt sie, »du kannst ganz andere Sachen spielen!«
Ich bin ziemlich enttäuscht. Dabei wollte ich ihr doch eine Freude machen. So kommt es, daß ich nichts mehr sage, sobald ich das kann, was sie der Helga beibringt. Ich habe eben zwei verschiedene Klavierstunden von Fräulein Bernhard.
Wenn in der Schule eine Aufführung ist, möchte der Musiklehrer, daß ich vorspiele. Ich spiele dann lieber Helgas Musikstücke, damit die anderen nicht sagen, ich gebe an. Die Leute klatschen. Aber sie haben ja auch geklatscht, als wir bei Tante Eka Menuett getanzt haben. Deshalb spiele ich am Schluß immer etwas, das ich mir selbst ausgedacht habe. Ich erinnere mich an sie, habe den Rhythmus von ihrem Tambourin im Kopf, und diese Musik soll ein Geschenk für sie sein. Aber das braucht ja niemand zu wissen. Nur Mutter fühlt, was ich meine. Sie nimmt mich hinterher ganz fest in den Arm. Das ist mir viel mehr wert, als wenn Leute klatschen.

8. Der kleine Papierladen

Auf einmal werden wir öfters zu Frankes eingeladen, die sind plötzlich sehr nett zu uns. Das haben sich Mutter und Frankes ganz schön raffiniert ausgedacht. Aber die werden schon sehen, was dabei herauskommt, wenn sie zwei Stubenhocker-Engel und zwei Sargnägel-Teufel in einen Topf werfen und dann umrühren, denken wir. Mein Bruder soll dafür sorgen, daß aus Frankes Günther ein richtiger Junge wird, der mit den anderen auf der Straße Fußball spielt und mit dem Fahrrad herumsaust.
Mein Bruder hat da gar kein Problem. Er erzieht Frankes Günther ziemlich schnell zu einem dreckigen, frechen Straßenjungen, der nicht mehr heult, wenn er sich die Knie aufgeschmissen hat. Auch die Bekanntschaft mit Mutters Wasserstoff-Flasche erträgt er schon recht anständig. Herr Franke ist jedenfalls sehr zufrieden.
Bei mir ist es umgedreht: Ich soll mir ein Beispiel an Frankes Helga nehmen, weil die ihre Schulhefte immer so »ordentlich führt«. Mutter ist nämlich nicht sehr froh, daß bei mir am Heftrand dauernd »wieder geschmiert«, »könnte viel sauberer aussehen« oder »sehr liederlich« steht.
Ich muß mir die Schulhefte von Frankes Helga ansehen. Sie ist vier Jahre älter und geht längst auf das Gymnasium. Aber ich muß ihr auch meine Hefte zeigen. Schöner Mist, denn ich schäme mich plötzlich, weil die gar nicht gut aussehen. Die brave Helga hat mit Buntstift einen Rah-

men um jede Seite gezogen. Auch wenn ich tue, als interessiere ich mich nicht dafür, so sieht das doch nicht schlecht aus.
Sonst hat Mutter immer alles für uns besorgt, was wir in der Schule brauchen. Das wird jetzt anders. Helga darf sich alle Hefte und Stifte allein von ihrem Taschengeld kaufen und nimmt mich zu dem kleinen Papierladen von Herrn Böser mit. Wir bleiben lange in dem Geschäft, denn Helga braucht eine Weile, bis sie sich einen neuen Stift ausgesucht hat. Ich bin ganz überwältigt von den vielen lackierten Stiften und dem merkwürdigen Geruch, der aus den Schachteln herauskommt, in denen sie nach Farben geordnet liegen. Der Groschen von Mutter in meiner Hand ist richtig heißgedrückt, ehe ich einen Bleistift finde, für den ich mich schließlich schweren Herzens entscheide. Es tut fast weh, ihn anzuspitzen. Aber Helga schenkt mir eine Metallhülse, die ich darüberstülpen kann. In meiner Federmappe sieht es wüst aus. Doch nun, wo ich den schönen Stift habe, räume ich sie anders ein und schmeiße die alten, angekauten Stummel weg.
In dieser Nacht wache ich auf und freue mich plötzlich auf die Schule, weil ich an meinen neuen Stift denke. Das ist, auch wenn ich es nicht zugeben will, überraschend für mich, aber es gefällt mir. Wenn meine Klassenkameraden sagen, ich wäre unter die Streber gegangen, kriegen sie einen Tritt ans Schienbein. Die haben gar keine Ahnung! Ich ziehe jetzt auch einen Rahmen um jede Seite – mit Lineal – aber mit Lila, weil ich die Farbe mag. Bei Herrn Böser im kleinen Papierladen habe ich mir ganz allein genau diesen Buntstift ausgesucht.
Beim letzten Aufsatz »In der Straßenbahn« bekam ich eine gute Note. Wir sollten beschreiben, wie uns zumute ist, wenn wir in der Bahn fahren und merken, daß wir das

Fahrgeld vergessen haben. Ich habe erzählt, daß zufällig in der Straßenbahn unser netter Klassenlehrer saß, der gern für mich bezahlt hat. Unten am Heft stand: eine sehr saubere Arbeit! Nur bei dem Aufsatz »Unsere Elbe« hat der Lehrer darunter geschrieben: Das Heft ist erfreulich ordentlich, leider ist die Phantasie mit dir durchgegangen. Das war meine Geschichte von einem lila Wal, auf dessen Rücken ich durch die Elbe geritten bin. Mutter hat den Aufsatz unserer Herta in der Küche vorgelesen, und die beiden haben so unverschämt gelacht, daß ich richtig böse geworden bin. Trotzdem ist Mutter mit mir zufrieden und sie sagt hinterher: »Der gute Einfluß von Frankes Helga hat deutlich auf dich abgefärbt!«
Da habe ich geantwortet: »Aber nicht in Lila! Ätsch!«, bin rausgelaufen und habe die Tür zugeknallt.
Nach der Schule gehe ich jetzt gern zu Herrn Böser ins Papiergeschäft. Das ist eine richtige Märchenwelt. Von außen sieht man das gar nicht, denn es gibt kein Schaufenster. Man steigt ein paar Stufen hoch. Die Glocke an der Tür macht bellebeng – bellebeng, und schon kommt der alte freundliche Herr Böser mit seiner dicken Brille aus dem Hinterzimmer.
Mein Bruder will Straßenbahnschaffner oder Feuerwehrmann werden. Ich möchte mal einen Mann heiraten, der genauso einen kleinen, wunderbaren Papierladen hat wie der nette Herr Böser!
Ich sage aus Spaß immer: »Guten Tag, Herr Guter«, und er antwortet: »Recht schönen guten Tag, Fräulein Tausendschön«, macht die Klappe auf, und ich darf zu ihm hinter den Ladentisch. Das ist viel besser als der Zauberladen in der »Puppenfee«, weil ich hier Schubladen und Fächer aufziehen und alles ansehen darf. Mit Dorle habe ich oft mit ihrem Kaufmannsladen gespielt. Aber in dem Kinder-

laden war eben nur bunter Puffreis, und die Kasse mit dem Spielgeld klemmte immer. Hier im Laden ist alles Wirklichkeit! Wenn ich mit der Hand vorsichtig über die glänzenden Papierbögen oder das Seidenpapier streiche, läuft mir ein Schauer über den Rücken, und es kribbelt auf dem Kopf. So viele kleine und große Hefte, so viele verschiedene Stifte, so viele Radiergummis, so viele Anspitzer und so herrliches Briefpapier, daß man davon nur träumen kann!

Der größte Schatz aber ist der Glaskasten mit den Montblanc-Füllhaltern. Die haben echte Goldfedern, und dazu gibt es kleine Pipetten aus Glas, mit denen man die Tinte einfüllen kann. In den Tintenfläschchen ist schwarze, blaue, rote und grüne Tinte. Ich wußte gar nicht, daß man auch grüne Briefe schreiben kann.

Der Herr Böser zeigt mir, wie man ganz schnell einen großen Papierbogen einrollt, ohne daß er knittert und dann einen Schnipsgummi darum macht. Das kann ich jetzt prima. Inzwischen kenne ich mich so gut im Laden aus, daß ich mit »bedienen« darf. Ich mache das wie Herr Böser und bemühe mich, sehr deutlich und höflich zu sprechen. Ich sage mit tiefer Stimme: »Was darf es denn diesmal sein?«

Dann flitze ich wie ein Wiesel und suche alles zusammen. Ein Briefpapier gefällt mir besonders. Es ist nicht glatt, sondern hat gebogte Ränder und ist ringsherum mit leuchtendblauen Schnörkeln und Goldpunkten bedruckt. Auch an der Hinterklappe vom Umschlag. Das sind fünf Bögen und fünf Umschläge. Wenn ältere Damen Briefpapier verlangen, hole ich immer dieses, sehe ihnen tief in die Augen und sage: »Meine Damen, ist das nicht ein wundervolles Briefpapier? Wenn Sie darauf einen schönen Brief schreiben, wird sich jeder freuen.« Und die Damen kau-

fen es, und Herr Böser kassiert. Hinterher sagt er und schüttelt dabei den Kopf: »Nun bin ich wenigstens diesen Ladenhüter los.«
Ich weiß nicht, was ein Ladenhüter ist, aber ich bin selig, daß er mir die letzte Packung von dem schönen Briefpapier schenkt. Zu Hause schreibe ich gleich einen Brief an das Würzburger Öhmchen: Wann kommst du uns endlich wieder besuchen? Und es klappt mit dem schönen Briefpapier. Sobald das Öhmchen meinen Brief hat, ruft sie an und sagt, daß sie nächste Woche kommt. Das erzähle ich sofort Herrn Böser-Guter, und er bestellt gleich 10 Packungen von meinem Lieblings-Ladenhüter-Briefpapier. Unsere Herta bestreicht sich mit Kölnischwasser. Den Duft von Karton, Papier und den vielen Stiften finde ich aber viel angenehmer. Doch ich glaube, das würde sie nie verstehen.

9. Das Würzburger Öhmchen

Nun ist es so, daß Mutter ziemlich sparen muß, seit Vater tot ist. Deshalb zieht plötzlich ein gewisser Albert Rühle in unser Gästezimmer ein. Eigentlich sollte das mein Zimmer sein, aber ich schlafe ja bei Mutter im Ehebett, da fühle ich mich sehr wohl.
Herr Rühle ist Drogist, schon 36 Jahre alt und noch nicht verlobt. Wir sind überrascht, daß wir jetzt einen Untermieter haben. Aber Mutter weiß, was sie macht. Da sind wir ganz sicher.
Also, da kommt Herr Rühle mit seinen Koffern, und im Badezimmer sind auf einmal Rasierpinsel, Rasierapparat und andere Sachen, die nach Drogerie riechen. Möbel bringt er nicht mit, weil von uns alles da ist.
Herr Rühle ist groß und dünn. Er hat einen Mittelscheitel und schmiert sich Pomade auf den Kopf, damit die Haare ganz angeklitscht sind. Er ist außerordentlich höflich, sagt »gnädige Frau« zu Mutter und »mein Fräulein« zu unserer Herta. Uns bringt er oft Eukalyptus-Bonbons mit. Wenn er abends aus seinem Geschäft heimkommt, bemerkt man ihn kaum. Er ist wie ein Geist, man riecht nur an der Pomade, daß er da ist.
Er hat einen guten Freund, der besucht ihn oft. Er hat am Wochenende sogar schon bei ihm übernachtet. Wo der Herr Rühle doch nur ein Bett hat! Aber die beiden sind so mucksmäuschenstill, daß wir eben ab und zu zwei Geister in der Wohnung haben.

Einmal hören wir, wie Mutter zu Herta sagt: »Der Herr Rühle macht uns keinen Sommer oder Winter, aber bei Lichte betrachtet ist das doch alles etwas merkwürdig, finden Sie nicht auch, Herta?« Und unsere Herta zieht die Schultern hoch und weiß keine Antwort.
Da wir nun kein Gästezimmer mehr haben und das Öhmchen zu Besuch kommt, spricht Mutter mit dem guten Fräulein Käferstein, weil bei ihr zwei Zimmer leerstehen. Mutter telefoniert deshalb mit dem Öhmchen. Die sagt, es macht ihr gar nichts aus, über uns in fremden Möbeln zu wohnen. Außerdem könnte sie dort auch manchmal für sich allein sein.
Und dann kommt endlich unser geliebtes Öhmchen mit zwei Koffern und ihrer runden Hutschachtel angereist. Sie ist ziemlich erschossen, als wir ihr mit dem ganzen Gepäck aus dem Abteil helfen. Wir wissen auch warum: Sie hat nämlich die »Reisekrankheit«. Das bedeutet, daß sie tagelang packt, nächtelang nicht mehr schläft, mindestens zwei Stunden vor Abfahrt des Zuges verzweifelt auf dem Bahnsteig sitzt, nach der Uhr sieht und Angst hat, den Zug zu verpassen.
Trotzdem ist das Öhmchen die schönste Großmutter, die es gibt. Sie hat blitzeblaue Augen und wunderbare lange Haare. Die steckt sie wie eine Krone oben auf den Kopf. Dadurch sieht sie sehr vornehm aus. Liegt sie im Bett und sind alle Haarnadeln raus, dann geht der Zopf bis auf den Boden!
Wenn Mutter ruft: »Kommt sofort hierher!« trödeln wir absichtlich noch ein bißchen herum und nehmen das nicht so ernst. Sagt aber das Öhmchen in ihrer Würzburger Sprache: »Geht halt emal her, ihr Kinderle«, kommen wir sofort. Mutter ärgern wir gerne. Beim Öhmchen haben wir gar keine Lust dazu, weil sie so sanft ist. Wenn Mutter

meine Zöpfe macht, ziepst es immer. Das Öhmchen bürstet meine Haare behutsam und das tut gut.
Mein Bruder hat einen Freund und dessen Vater ein Baugeschäft. Deshalb will mein Bruder nicht mehr Straßenbahnschaffner oder Feuerwehrmann werden, sondern redet dauernd davon, daß er Häuser bauen will, die aus Beton sind. Also: der Keller aus Beton, die Treppen aus Beton, der erste Stock und die Terrasse natürlich aus Beton, das Geländer ringsherum nur aus Beton.
Mutter hält sich die Ohren zu und seufzt: »Bitte höre endlich auf zu betonieren, das kann kein Mensch mehr aushalten!«
Wir haben oft keine Lust, sonntags mit Mutter spazierenzugehen. Mit dem Öhmchen ist das ganz anders. Sie streckt die Arme aus, hält die Daumen nach oben, und das heißt: Der Herr links, die Dame rechts. Dann gehen wir zu dritt an der Elbe entlang. Auf dem langen Weg zum Tolkewitzer Friedhof kann mein Bruder nach Herzenslust betonieren. Das Öhmchen wird nicht ungeduldig, hört genau zu und fragt: »Und was ist das mit dem Schwimmbad?« Er antwortet: »Ja – auf dem ersten Stock ziehe ich eine starke Betondecke ein und oben kommt das Wasserbecken drauf. Das ist natürlich vollkommen aus Beton!«
Fragt das Öhmchen erneut: »Bricht dann das Haus nicht einfach zusammen?« Er erklärt ihr das mit den Eisengittern, die in den Beton kommen. Ruhen wir uns auf einer Bank aus, zeichnet er in den Sand, wie er sich das vorstellt. Das Öhmchen sagt nicht: »Hör auf zu betonieren«, sondern findet es ganz erstaunlich und meint: »Vielleicht solltest du Baumeister werden, weil du das so gut verstehst.«
Abends, wenn wir gewaschen sind, die Zähne geputzt haben und eigentlich längst ins Bett gehören, liest uns das

Öhmchen vor. Sie stellt immer ein Glas Wasser neben sich, damit sie keinen trockenen Mund bekommt. Wir erleben das »Wirtshaus im Spessart« in Nachthemd und Schlafanzug wie eine Zauberwelt, und jeden Tag gibt es eine Fortsetzung. Über den Orient, den wertvollen Silberdolchen, den köstlichen Edelsteinen, den schnellen edlen Pferden, den prachtvollen Gewändern der Kalifen vergißt mein Bruder sogar das Betonieren.
Nachts träume ich, daß ich eine wunderschöne Prinzessin bin, Fatima heiße und mich in ein Löschblatt verwandeln kann. So ein grünes, mit bunten Fäserchen, für einen Pfennig, aus Herrn Bösers Laden. Auf mich tropfen alle Märchen, und ich sauge sie alle auf. Dabei bleibt das Löschblatt aber schön sauber und trocken und liegt am nächsten Morgen wieder in meinem Heft. Und die ganze Zeit über spielt ein kleiner Mohr mit Turban und langer Nase dazu das Musikstück Nr. 12, das mein Bruder bei dem Pianisten Kunath nicht richtig gelernt hat.
Am nächsten Morgen sehe ich sofort in allen Heften nach. Aber da sind nur die alten, verkleckseten rosa Löschblätter, und in der oberen Ecke steht mein Name, damit sie nicht verloren gehen.
Natürlich kann ich meiner Freundin Dorle meinen Traum nicht erzählen. Die würde mich für total verrückt halten. Aber das Öhmchen setzt sich aufs Sofa, legt die Hände in den Schoß und hört mir schweigend zu, lacht mich gar nicht aus. Dann sagt sie schließlich: »Mei Schätzle, wenn du mir grad beim Staubwische hilfst, kriegst du e Geldstückle, un dann laufe mir zwei un kaufe grad so e schöns grüns Löschblättle bei deim Herrn Böser.«
Staubwischen ist sonst nicht meine Stärke, aber diesmal poliere ich alle Ecken und Kanten, bevor wir beide zu Herrn Böser gehen. Ich flitze sofort hinter den Laden-

tisch, hole aus der dritten Schublade links das schöne grüne Löschpapier und lege ihm meinen Pfennig neben die Kasse. Das Öhmchen kauft sich mein Lieblingsbriefpapier – und auch ein grünes Löschblatt.

Zu Hause schreibe ich auf mein Löschblatt »Fatima«, das Öhmchen auf ihr Löschblatt »Suleika«, und wir legen die Blätter zwischen unser Briefpapier. Dann setzt sich Fatima auf Suleikas Schoß und beide träumen zusammen.

In unserem Viertel ist manchmal ein Hausierer. Wir mögen ihn nicht, weil er so schmierig und heimtückisch aussieht. Die Leute erzählen, daß er früher ein reicher Mann war und sein Geld verspielt hat. Wenn wir ihn sehen, schreien wir: »Der Baron von Habenichts verkauft den Leuten alten Kram!« Dann wird er fuchsteufelswild und rennt hinter uns her. Aber mit seinem Bauchladen und den vielen Knöpfen, Schnürsenkeln und Hosengummis kann er nicht so schnell laufen wie wir.

Überall an den Haustüren sind weiße Emailschilder angeschraubt. Darauf steht, daß Betteln und Hausieren verboten ist. Das stört den Mann überhaupt nicht. Eines Tages klingelt er auch bei uns an der Wohnungstür. Das Öhmchen öffnet. Er macht sein jammervolles Gesicht und betet die ganze Litanei von seiner todkranken Frau und seinen acht armen, unterernährten Kindern herunter. Das Öhmchen läßt ihn ruhig ausreden, dann sagt sie höflich, aber bestimmt: »Nein danke, wir kaufen nichts.«

Da stellt der Mann blitzschnell seinen Fuß zwischen die Tür und drückt sie auf. Aber das Öhmchen hebt ihr Bein und tritt ihm mit aller Gewalt auf die Zehen. Der Mann schreit auf, zieht seinen Fuß zurück, und das Öhmchen macht sofort die Tür zu. Dann legt sie die Kette vor, öffnet sie wieder und sagt in aller Ruhe: »Es kann der Beste nicht in Frieden leben, wenn es dem bösen Nachbarn nicht gefällt.« Erst dann schließt sie die Türe richtig. Hinterher setzt sie sich wieder an den Tisch und ißt weiter, als ob nichts passiert wäre.

Am Wochenende machen wir alle einen Ausflug zu den Marienteichen. Wir laufen über das »Blaue Wunder«, die Blasewitzer Elbbrücke, fahren mit der Schwebebahn nach Loschwitz und von dort mit der Straßenbahn bis zur Endhaltestelle Bühlau. Dann kommt der lange Marsch durch die herrliche Natur. Als wir endlich unser Ziel erreicht haben, hören wir auf zu maulen, ziehen schnell die Badeanzüge an und stürzen uns ins Wasser. Das Öhmchen setzt sich auf eine Bank, spannt ihren Sonnenschirm auf und sieht uns zu.

An der Seite sind lauter Wochenendhäuser. In den Vorgärten liegen die Leute faul in ihren Liegestühlen. So ein Haus müßte man haben! Dann könnte man hier übernachten und am nächsten Morgen gleich wieder ins Wasser springen. Plötzlich bleibt mein Bruder stehen und flüstert: »Nun guck dir das an, das ist ja nicht zu fassen!«

Da sitzt doch unser Hausierer mit seiner dicken und angeblich todkranken Frau krötenbreit vor seinem Wochenendhaus im Liegestuhl. Die beiden löffeln in aller Seelenruhe ihren Kartoffelsalat und essen Heidelbeerkompott.

Wir flitzen sofort zurück zu Mutter, Herta und dem Öhmchen. Atemlos erzählen wir, was wir gesehen haben. Sie sind natürlich empört!

Das Öhmchen nimmt ihren Sonnenschirm fest in die Hand, steht auf und sagt: »Na wartet, dem versalzen wir seinen Salat gründlich!« Dann geht sie mit uns dorthin. Sie stellt sich direkt vor den Hausierer, lacht ihn an und sagt ganz sanft und freundlich zu ihm: »Schmeckt Ihnen der Kartoffelsalat, Sie Betrüger?«

Der Mann erkennt das Öhmchen sofort, springt auf, läßt

den Salat fallen, stolpert über das Heidelbeerglas und rennt mit seiner Frau ins Haus. Wir hören, wie er die Tür abschließt.

Als wir wieder bei Mutter ankommen, fragt sie: »Seid ihr dem Teufel vor die Schmiede gegangen?« Das Öhmchen setzt sich ruhig auf die Bank und antwortet: »Wir sind recht zufrieden.«

Wir haben Hunger. Uns geht der Kartoffelsalat nicht aus dem Kopf. Das schöne Heidelbeerkompott! Wir haben immer nur Zwieback und Zitronentee dabei, denn Mutter sagt, essen können wir auch zu Hause. Trotzdem spendiert sie uns allen auf den Schreck hin ein Eis, bevor wir uns auf den Heimweg machen.

10. Ach, du Grundgütiger!

Unserer anderen Großmutter darf man nicht einfach um den Hals fallen. Sie läßt sich nämlich nicht liebhaben. Sie ist die Frau Geheimrat, in der Familie heißt sie Fürstin-Mutter. Da gehört es sich, einen Diener oder eine Knicks zu machen. Warum kann sie nicht verstehen, daß ich auch gern mal auf ihrem Schoß sitzen möchte? Sie ist doch schließlich Vaters Mutter. Dabei bewundere ich sie wirklich. Sie ist klein, flink, eine außerordentliche – aber leider zu vornehme Großmutter. Ihre schneeweißen Haare sind immer tadellos aufgesteckt, mit einem ganz dünnen Haarnetz drüber. Sie trägt hochgeschlossene Kleider mit Kragenstäbchen am Hals. An den Füßen hat sie weiche, schwarze Stiefelchen mit kleinen Absätzen und vielen Perlmutterknöpfen. Die macht sie nicht etwa mit der Hand zu. Ach wo! Dafür hat sie einen langen Haken mit einem Elfenbeingriff. Damit fährt sie durch die Knopflöcher, erwischt den Knopf und zieht ihn durch. Das kann sie ganz schnell, und es sieht sehr elegant aus.

Ich bin mal heimlich in die Stiefelkammer gegangen, habe einen Schuh von ihr angezogen und das mit dem Haken und den Knöpfen probiert. Aber da steht Großmutter plötzlich hinter mir: »Was machst du denn da?« Ich bin vor ihrer harten Stimme so erschrocken, daß ich den Haken fallen gelassen habe und weggelaufen bin. Dabei will ich es doch nur genauso schön und elegant wie sie können – das mit dem Haken und dem Elfenbeingriff.

Wenn sie zu mir sagt: »Komm her, Kind«, dann ist das ein Gefühl, als ob mich der Direx in der Schule ins Sekretariat bestellt. Ich kriege gleich ein schlechtes Gewissen und frage mich, was ich denn nun schon wieder angestellt habe. Habe ich etwa »ach du lieber Gott« oder »ei Gott nee« gesagt? Das rutscht mir eben einfach so raus. Hinterher könnte ich mir auf die Zunge beißen. Das darf ich doch bei Großmutter nicht sagen. Da heißt es nämlich: »Ach, du Grundgütiger!« Als ob das etwas anderes wäre! Jedesmal kriege ich einen strengen Verweis, weil ich das Wort »Gott« unnütz im Munde geführt habe. Dabei sieht mich Großmutter an, daß mich friert.
Wenn Großmutter hustet oder niest, muß ich besonders aufpassen. Das kann man nämlich nicht auseinanderhalten. Sage ich: »Gesundheit, Großmutter.«, antwortet sie herablassend: »Ich habe soeben gehustet.« Sage ich nichts, heißt es – wesentlich lauter: »Ich habe soeben geniest!« Rutscht mir dann ein »Herrgottnochmal« heraus, habe ich alles total versiebt. Beim Würzburger Öhmchen weiß man wenigstens, wenn sie hustet oder niest. Aber Großmutter ist eben ganz anders: streng, hart und energisch. Auch wenn ich mir noch so viel Mühe gebe, da ist immer eine Bremse, da geht es nicht weiter. Wenn ich ihr auf dem Flügel etwas vorspielen möchte, sagt sie nur: »Hör auf zu klimpern!« Sie merkt gar nicht, daß ich ihr eine Freude machen will.
Unser Großelternhaus liegt direkt am Waldparkeingang. Wir sind sehr gern dort und kennen jeden Winkel. Als Vater noch lebte, haben wir auch da gewohnt. Nur zwischendurch sind wir mal ins Erzgebirge gezogen, weil Vater mit seiner kranken Lunge Höhenluft brauchte. Den großen Garten vom Großelternhaus liebe ich sehr. Die hohen Kastanienbäume vor dem Eingang, die vielen Ro-

senbeete zwischen den Rasenflächen und die breiten Wege, auf denen man spazierengehen kann. Ganz besonders mag ich den Baum mit den kleinen Paradiesäpfelchen. Der steht hinter dem Haus, dort, wo früher der Tennisplatz war. Diese Äpfelchen schmecken so seltsam herb und doch süß, und man kriegt kein Bauchweh, wenn man hinterher Wasser trinkt. Weiter vorn am Garagenhaus wachsen Quitten. Die kann man aber nicht so essen. Daraus macht man Kompott, Gelee oder zu Weihnachten Quittenbrot, das schmeckt wunderbar.

Wenn bei Großmutter zu Tisch gerufen wird, heißt das: Sofort Hände waschen, artig hinsetzen, Hände falten – Tischgebet. Dann dauernd: »Darf ich – bitte«, »darf ich – danke«, sonst stille sein. Die Erwachsenen unterhalten sich. Nicht mit dem Besteck klappern, Ellbogen runter, Serviette nicht vergessen, gerade sitzen, Füße stillhalten! Das ist wie in der Schule, wenn der Lehrer sagt: »Nun kommen wir zu unserer Pflichtübung.« Ich esse eigentlich viel lieber zu Hause, weil da alles besprochen wird, was so am Tag passiert ist, weil wir fragen können und Antworten kriegen. Trotzdem gibt es bei Großmutter Sachen, die ich besonders gern mag. Die Köchin Anna, die schon ewig im Hause ist, macht manchmal herrlich gefüllte Oporto-Zwiebeln und eine tolle Nachspeise aus gekrümeltem Pumpernickel, Apfelmus und Sahne – immer schichtweise. Natürlich alles in Kristall, Meißner Porzellan und Familiensilber mit Wappen drauf. Ach du lieber Gott!

Wir wachsen nicht nur als Sargnägel mit der Wasserstoffsuperoxyd-Flasche auf – nein -, in jeder Ecke hockt eine Tradition, die darf man nicht berühren! Unsichtbar am Tisch sitzt nämlich der Herr Geheimrat, vortragender Rat im Innenministerium, Vertrauter des Königs und so weiter ... Darauf wird großer Wert gelegt!

Was soll ich mit einem Großvater anfangen, den ich nie kennengelernt habe, weil er schon so lange tot ist? Habe ich jemals von ihm einen Groschen bekommen, damit ich mir bei meinem guten Herrn Böser im Papierladen einen schönen Stift aussuchen durfte? Was mich noch mehr ärgert, ist, daß Großmutter sagt, wir wären nicht etwa ungezogen – nein – viel schlimmer -, wir seien einfach unerzogen. Weil das ein Vorwurf gegen unsere Mutter ist, kann ich richtig bockig werden und möchte am liebsten »dem Teufel vor die Schmiede gehen«.
Da ist noch etwas: Großmutter und Tante Jenny, Vaters Schwester, unterhalten sich bei Tisch immer in englischer oder französischer Sprache, damit wir nichts verstehen. Wenn ich nur wüßte, was das Wort »faux pas« bedeutet. Sie sehen mich an, und dauernd kommt dieses Wort. Als ich artig frage, ob ich zum Würstchen Senf haben darf, ist genau das wieder ein faux pas. Senf essen eben nur die gewöhnlichen Leute. Ich bin plötzlich wie die und weiß nicht warum. Ich habe im Lexikon nachgesehen, was »faux pas« bedeutet, aber nichts unter »fo« und »pa« gefunden. Jedenfalls scheint es etwas ganz Schlimmes zu sein, das sich auf keinen Fall gehört.
Unsere Mutter kann Latein und Griechisch. Das finde ich viel besser, obwohl ich das genausowenig verstehe. Manchmal bitte ich Mutter, Griechisch zu sprechen. Ich mache die Augen zu und die merkwürdigen Worte sind wie eine wunderbare Melodie, die auf- und abgeht und mich ganz verzaubert. Ich bewundere Mutter grenzenlos, daß sie diese fremde Musik sprechen kann.
Bei uns zu Hause haben wir auch eine Tradition – aber die lebt. Im alten Barocksekretär sind oben Mutters Schreibsachen, unten in den Schubladen alle Tischdecken. Die alten hohen Standuhren gehen richtig und haben einen herr-

lichen Klang: viertel, halb, dreiviertel, um. Bevor Mutter ins Bett geht, werden alle aufgezogen. Wir lieben die schönen alten Möbel, das uralte Zinn und das wertvolle Kruzifix von Riemenschneider, weil eben alles aus Würzburg kommt und das Öhmchen uns zu jedem Stück eine Geschichte erzählen kann. Wenn ich mal groß bin und Kinder habe, werde ich ihnen genau diese Geschichten erzählen. Sie sollen, wie wir, ihre Schularbeiten am großen Tisch machen und sich nicht die Ohren zuhalten, wenn die alten Uhren ticken und silberhell schlagen: viertel, halb, dreiviertel, um.
Der Schmidt, der Familienchauffeur, der uns oft in unsere erzgebirgische Ferienwohnung fährt, erzählt uns, daß der Herr Geheimrat ein ganz toller Mann war. Dann kriegt der Schmidt ein Leuchten in die Augen und muß laut lachen, weil er an unseren Großvater denkt.
Wenn es tüchtig regnete, machte Herr Geheimrat mit seinen Kindern den »Regenspaziergang«. Dann durften sie mit beiden Beinen in die Pfützen springen, sich darin wälzen, lauter Unfug machen und ihn ordentlich naßspritzen. Als einmal die Erbtante der ehrenwerten Familie zu Besuch war, bat Großvater unseren Vater, er möge doch die wertvolle Ming-Vase holen, um sie der Tante zu zeigen. Vorher aber hatte er Vater so komische Glasplättchen in die Hand gedrückt, die er auf der Treppe fallen lassen sollte, damit es schön scheppert. Die Tante war entsetzt, daß die Ming-Vase kaputt war. Dabei stand sie doch noch heil auf ihrem Sockel.
Eines Tages bat Großvater diese Tante auf die große Terrasse zu einer »Vorführung«, erzählt der Chauffeur weiter. Da sollte unser Vater mit dem Fahrrad um die Gartenwege herumfahren und sich dann plötzlich fallen lassen. Und er selbst, sagt der Chauffeur, sollte unserem Vater –

auf Weisung des Herrn Geheimrat – ordentlich Tomatensoße auf den Bauch gießen und ihn anschließend mit dem Gärtner auf einer Trage ins Haus schleppen. Die Tante wäre vor Entsetzen fast in Ohnmacht gefallen. Der Herr Geheimrat hätte furchtbar gelacht – erinnert sich der Chauffeur.

Es gibt so viele herrliche Geschichten über unseren Großvater, die wir aber nur vom Chauffeur, von der Köchin und von unserer Mutter hören, die ihn noch gut kannte. Warum schweigt Großmutter darüber? Oder die Geschichte, wie Großvater Prinzessin Margarethe das Radfahren beibringen sollte – oder wie Großvater mit dem König auf der Meißner Fürstenschule die Schuhe des Pedells, der immer nachts auf Strümpfen durch die Schlafsäle schlich, an der obersten Treppenstufe anzweckte. Also das finde ich einfach umwerfend, großartig, himmlisch, phantastisch – oder wie mein Bruder sagt – genial!

Warum habe ich nur immer eine solche Wut im Bauch, wenn ich die köstlichen Geschichten von Großvater höre, aber von Großmutter: »faux pas«. Das ist für mich wie eine Ohrfeige, die noch nach vielen Stunden wehtut. Warum läßt man Großvater für die Tradition »leben« und erzählt nie, wie er wirklich war? Ich wäre ihm mit Anlauf an den Hals gesprungen ... und ich bin sicher, er hätte mich aufgefangen.

Mein Bruder sagt manchmal, ich soll mich mit Großmutter nicht so anstellen. Der hat gut reden! Er kann sich bei Großmutter einiges leisten, weil er eben aus unserer Linie der einzige Träger des ehrenwerten Familiennamens ist. Na, wenn schon, ei Gott nee! Entschuldigung ... ach, du Grundgütiger!

Als ich zu meinem Bruder sage: »Wir kriegen zum Geburtstag und zu Weihnachten fünf Mark aufs Sparbuch, aber können wir damit spielen?« – da hat er auch keine Antwort. Aber ich weiß, daß er sich furchtbar ärgert, daß Großmutter einen Zwanzigmarkschein für die Bekennerkirche übrig hat, wo wir doch alle evangelisch sind. Manchmal glaube ich wirklich, daß es besser ist, nicht alles zu verstehen.

Großmutter hat nie Zeit für uns. Nur einmal ist sie mit uns in den Zirkus Sarrasani in den großen Kuppelbau gegangen. Das kann ich nie vergessen. Wir haben uns lange darauf gefreut. Mutter hat uns schön angezogen. Dann kam Großmutter mit der Taxe, und endlich ging es los. Als wir auf unseren Plätzen saßen, habe ich Großmutter immer heimlich von der Seite angesehen, um alles richtig zu machen. Aber da ist etwas ganz Merkwürdiges passiert: Ich habe Großmutter gar nicht wiedererkannt. Die Frau Geheimrat hat laut geklatscht, über die Clowns gelacht, und bei den schönen Pferden ist sie sogar aufgestanden und hat laut »Bravo« gerufen. War ich vielleicht erlöst! Nun hat mir alles doppelt soviel Spaß gemacht. Ich habe auch tüchtig mitgeklatscht. In der Pause kam die nächste Überraschung. Großmutter hat für uns alle ein Eis in die Loge bringen lassen. Dann kam die Trapez-Nummer. Wir haben uns beim Hochschauen die Hälse fast verrenkt. Aber plötzlich haben zwei Artisten die Springer nicht auffangen können. Die sind wie Steine runter in die Manege gefallen. Alles hat geschrien! Doch da kam sofort die Musik, und die Leute wurden ganz schnell rausgetragen. Der Direktor hat gesagt: »Sehr verehrtes Publikum, bitte behalten Sie Platz. Es ist nichts Ernstliches geschehen, das Programm geht weiter«. Großmutter ist gleich mit uns gegangen. Am nächsten Tag stand in der Zeitung, daß bei einem schrecklichen Unfall zwei bekannte Artisten leider tödlich verunglückt sind. Da hat es mich gegraust. Ich habe versucht, mit Großmutter darüber zu sprechen, aber sie hat nur gesagt: »Halt den Mund, Kind, das verstehst du noch nicht!« Doch, ich verstehe jetzt, was das ist: Totschweigen.

Das Schlimmste für mich ist, daß mein Bruder sagt, so was könne beim Zirkus eben vorkommen. Da kann ich richtig vergessen, daß er mein Bruder ist. Nur das Öhmchen fühlt genau, was mit mir los ist. Ach, du Grundgütiger – wenn ich das Öhmchen nicht hätte!

Trotzdem habe ich großen Respekt vor Großmutter, weil sie vom Nachmittag bis spät in die Nacht unentwegt Briefe schreibt. An lauter berühmte Leute, in Englisch, Französisch – natürlich auch in Deutsch. Mit ihrem Montblancfüller (mit der goldenen Feder), auf MK-Papier (schreibste mir, schreibste ihr, schreibste auf MK-Papier) – und ich weiß von Herrn Böser, daß das ein sehr gutes Briefpapier ist und ein Wasserzeichen hat.

Mein Vetter Hartmut hat sich mal ein Bettuch umgehängt, die silberne Stehlampe in die Hand genommen, den Stekker nachschleifen lassen und ist nachts zu Großmutter ins Schreibzimmer geschlichen. Dabei hat er gesagt: »Der Herrgott sprach, es werde Licht, doch Jesus fand den Schalter nicht.« Großmutter hat nur eben kurz von ihrem Brief aufgesehen und mit ihrer dunklen Stimme gesagt: »Junge – schon wieder barfuß!« Das war alles!

Möchte ich mal so werden wie sie? Ach, du Grundgütiger, nee! Aber so viel schreiben, so viel Post kriegen, so weit durch die Welt reisen, anerkannt werden, berühmt sein, das wäre gar nicht schlecht. Ich möchte sie so gern liebhaben können, aber das geht einfach nicht. Sie bleibt eben die Frau Geheimrat, die ich Omi nennen darf.

Wenn ich von einem Besuch bei Großmutter heimkomme, bin ich oft traurig. Mir tut der ganze Bauch weh. Ich knie mich vor Mutters Bett, kuschle meinen Kopf in ihr Kissen, dresche mit beiden Fäusten auf die Matratze, weil ich so furchtbar enttäuscht bin. Wenn Mutter das merkt, sagt sie: »Das Kind reagiert sich mal wieder ab«. Dann fühle ich mich noch viel unverstandener und fange an zu weinen. Das Öhmchen aber nimmt mich in den Arm, sagt gar nichts, wiegt mich hin und her. Dabei kann ich mich endlich langsam und wunderbar beruhigen. Das geht ohne Worte, einfach so. Und vor allem ohne faux pas – Gott sei Dank.

11. Lauter Veränderungen

Im letzten Monat haben wir viel erlebt. Das ging blitz – platz, da kam man gar nicht recht zum Nachdenken. Meine Freundin Dorle sagt: »Was ist denn bloß los bei euch?« – und kann sich auch nicht erklären, wie so was kommt. Bei ihr zu Hause passiert nie was.
Zuerst ist das Öhmchen wieder nach Würzburg heimgefahren. Wir waren sehr traurig, aber sie hat fest versprochen, uns bald wieder zu besuchen.
Kurz darauf kam ein Brief. Nicht etwa durch die Post oder im Briefkasten. Der klemmte unter unserer Tür. Ohne Adresse, ohne Absender, da stand nur am Ende ... jemand, der es gut mit Ihnen meint! Ich habe den Brief heimlich gelesen, als Mutter in der Küche war. Da ging es um unseren Untermieter, Herrn Rühle: Es wäre unverständlich, daß Mutter einem so sittenwidrigen Subjekt Unterschlupf bieten würde. Wenn die Sache nicht bald bereinigt wäre, müßte Mutter mit Konsequenzen rechnen!
Ich habe Mutter sofort danach gefragt, und sie hat ihr ernstes Gesicht gemacht und geantwortet: »Zu gegebener Zeit werde ich dir alles genau erklären – vorläufig muß ich erst mal handeln!«
Also, das verstehe ich vollkommen! Wenn sie sagt, sie handelt, dann stimmt der Laden. Als der Herr Rühle von seiner Drogerie heimkommt, bittet ihn Mutter ins Wohnzimmer. Zu uns aber sagt sie: »Euch kann ich jetzt nicht gebrauchen, bitte geht ins Kinderzimmer und spielt.«

Wir lauschen und hören, daß er auch so einen Brief bekommen hat, nur viel unverschämter und gefährlicher. Da stand sogar was von einem Arbeitslager. Was ist denn auf einmal bloß los?
Mein Bruder meint: »Jetzt wird die Sache kriminell!« Ich kriege richtig Angst. Aber dann hören wir, wie Mutter Herrn Rühle beruhigt und sagt, daß sie die Angelegenheit in die Hand nimmt – und da atmen wir auf. Sie lädt Herrn Rühle für heute zum Abendessen ein, danach geht sie zum Telefon und schlägt ihre berühmte »Telefonschlacht«. Sie ruft sämtliche Kränzelschwestern an, weil die alle tüchtig zusammenhalten. Und plötzlich löst sich alles in Wohlgefallen auf, Mutter hat einen Ausweg gefunden.
Beim Abendessen sitzen wir gemütlich beisammen. Es gibt sogar zwei Büchsen Ölsardinen! Aber weil Herr Rühle höflich sagt, daß er leider keinen Fisch ißt, kriegen wir ausnahmsweise zwei Stück. Das war noch nie da! Nach dem Essen sagt Mutter: »Und nun ...«, und wir brüllen wie immer: »Dem Teufel vor die Schmiede!« – auch wenn wir gar nicht wissen, was Mutter jetzt wieder vorhat.
Da holt sie die beiden bösen Briefe und zerreißt sie in tausend Stücke. Wir klatschen laut Beifall, sogar Herr Rühle lacht, er sieht nur nicht so glücklich aus.
Als es dunkel wird, fährt Onkel Bruno, der Mann von einer Kränzelschwester, mit dem Auto vor. Wir verabschieden uns schnell von unserem Herrn Rühle, der steigt mit seinen Koffern ein und fährt weg. Schade um die schönen Eukalyptusbonbons!
Nun wohnt er weit draußen, irgendwo zwischen Radebeul und Coswig, in einem abgelegenen Gartenhäuschen. Da hat er bestimmt mehr Platz als bei uns. Da kann ihn sein guter Freund auch besser besuchen.
Kaum ist diese Aufregung vorbei, da eröffnet uns Mutter,

daß wir eine neue Einquartierung in Herrn Rühles Zimmer kriegen: einen Engländer, der ist Dozent, bleibt für drei Monate und soll bei uns besser Deutsch lernen. Donnerwetter, wenn ich das meiner Freundin Dorle erzähle, die wird vielleicht Augen machen!

Und dann zieht dieser Engländer wirklich bei uns ein. Der sieht auch wie ein richtiger Engländer aus: vollkommen kariert! Also: karierte Knickerbocker, karierter Sweater, karierte Schirmmütze und karierte Jacke, mit Lederstücken an den Ellbogen. Er heißt Peter Curgenwen und ist ein ganz langes Leiden, mindestens zwei Meter! Trotzdem ist er eigentlich sehr nett, sehr lustig, und wir sollen ihn nach seinen Anfangsbuchstaben nennen: P C – das klingt aber anders und heißt: Pi Si. Na gut, uns soll's recht sein.

Wenn wir in der Schule sind, geht er zu einem Sprachkurs, sonst ist er bei uns zu Hause.

Wir haben viel Spaß, weil er so schauderhaft Deutsch spricht. Er ist sehr sportlich, hat eine Menge Golfschläger mitgebracht, aber damit kann er hier leider nichts anfangen. Er scheint eine Art Sportskanone zu sein und versucht, meinem Bruder Kricket zu erklären. Er malt das Spielfeld auf einem großen Bogen Papier auf, und mein Bruder lacht sich kringelig über die komischen Ausdrükke. Das soll einer verstehen!

Mich erwischt er unter den Armen, hält mich ganz hoch und sagt: »Oh, du dommes Keschöpf!« Das meint er aber nicht böse. Wenn er mich absetzt, gibt er mir einen Schmatz auf die Stirn. Ich kann mich nicht besinnen, daß wir jemals soviel gelacht haben. Sogar unsere Herta sagt: »Da haben wir ja einen Fang gemacht!«

Da PiSi vor allem die Residenz Dresden und die Umgebung kennenlernen möchte, machen wir einen Ausflug nach dem anderen. Mit dem Schiff in die Sächsische

Schweiz und zur Bastei, durch die Schwedenlöcher zum Amselfall. Nach Moritzburg, zum Schloß Pillnitz, dem Großen Garten. Sämtliche Galerien und Museen, Brühlsche Terrasse, Semperoper und was es noch an Schlössern und Palais gibt, alles wird besucht.
Das ist oft wahnsinnig anstrengend. Wir hängen ziemlich in der Wäsche. Doch wenn er uns anschließend nach dem Stallhof und dem »Fürstenzug« zum Essen ins »Italienische Dörfchen« einlädt, dann wissen wir, daß es eigentlich wunderbar ist, hier zu Hause zu sein. So haben wir unser schönes Dresden noch nie gesehen! Komisch, muß da erst ein Engländer kommen? Und alles geht auf Kosten des Eton-College in England. Traumhaft!
Das bemerkenswerteste für uns ist, daß Mutter jetzt, nach Vaters Tod, endlich mal abends wieder weggeht, wenn sie mit PiSi die Oper oder Konzerte besucht. Das gönnen wir ihr wirklich. Sie zieht dazu auch ihre schönen, langen Kleider an und sieht wunderbar aus. Mutter blüht wie ein Röschen! Und wenn sie dann nachts heimkommen, spielt PiSi leise auf dem Flügel – und er spielt sehr gut!
Weil Mutter oft spät ins Bett kommt – und ich schlafe ja neben ihr – schleiche ich mich zu meinem Bruder. Der schläft wie immer abgrundtief, aber ich schubse ihn so lange, bis er aufwacht, und flüstere: »Ich glaube, Mutter und PiSi sind verliebt.« Aber mein Bruder gähnt nur und knurrt: »Hau ab, du doofe Nuß!« Jungs haben eben überhaupt kein Gefühl!
Einmal im Jahr, wenn richtig warmes, schönes Wetter ist, sagt Mutter: »Heute gehen wir zum Luisenhof!«
Das ist ein ausgezeichnetes Restaurant mit großen Terrassen oben auf der Loschwitzhöhe. Da kann man auf den Elbbogen runtersehen, und ganz hinten liegt Dresden! Für uns ist das immer ein besonderes Erlebnis, weil wir

lange aufbleiben dürfen. Wir fragen Mutter nie, wann wir endlich zum Luisenhof gehen. Die Überraschung, wenn es plötzlich losgeht, macht viel mehr Spaß.
Mutter zieht dann ihr weißes Komplet und die himmelblaue Blumenbluse an, die so gut zu ihren Augen paßt. Am schönsten finde ich aber ihren großen, weißen Florentinerhut mit dem langen, blauen Samtband. Der schwippt richtig, wenn sie geht. Wie oft habe ich diesen Hut schon heimlich aufprobiert, und ich kam mir immer wie eine Gräfin vor. Ich kriege meinen hübschen, blaukarierten Rock und das passende Bolerojäckchen an, mein Bruder seinen Matrosenanzug. Dann sind wir ausnahmsweise ganz brave Kinder, und mein Bruder ist ein echter Kavalier. Wenn wir so zu dritt ankommen, drehen sich sogar die Leute nach uns um, und das macht mich sehr stolz.
Oben auf dem Luisenhof ist schon ein Tisch, direkt an der Brüstung, für uns reserviert. Der vornehme Ober zieht Mutters Stuhl zurück und sagt: »Darf ich bitten, gnädige Frau?«
Wir dürfen lange in der Speisekarte lesen und uns dann von zwei Gerichten eines aussuchen. Aber das ist immer das gleiche: Mein Bruder bestellt sich Schinkenmakkaroni und ich die Königin-Pastete, weil die so schön garniert ist. Dazu gibt es Limonade. Mutter ißt ihren Krabbensalat und trinkt ein Glas Wein.
Wenn es richtig dunkel wird, kommen auf der Elbe die Schiffe heimgefahren. Alle mit bunten Glühlampen beleuchtet. Das ist ein Anblick!
Aber das Schönste ist doch, wenn dann auf der unteren Terrasse die Musik spielt und die Leute tanzen. Da lümmeln wir an der Brüstung und sehen zu. Dauernd kommen irgendwelche Herren, verbeugen sich vor Mutter und

sagen: »Darf ich bitten?« Doch Mutter lächelt charmant und antwortet: »Danke nein, ich tanze nicht.« Dann gehen sie wieder. Kann Mutter überhaupt nicht tanzen?
Zum Abschluß kriegen wir immer ein Eis. Auf dem Becher steckt eine Wunderkerze. Die brennt und sprüht Funken. Das ist unser Luisenhof-Feuerwerk und mein Sommernachtstraum!
Diesmal gehen wir mit PiSi zum Luisenhof. Ich bin so glücklich, daß ich im Polkaschritt vornweghopse und singe: »... die Welt ist schön ... die Welt ist schön!« Mein Bruder bleibt lieber etwas zurück, weil er sich geniert, daß ich mich wieder so »auffällig« benehme. Doch Mutter pfeift mich nicht zurück, sie ist viel zu sehr mit PiSi ins Gespräch vertieft.
Heute dürfen wir uns sogar noch was anderes auf der Speisekarte aussuchen. Mein Bruder kriegt Ochsenschwanzsuppe vor seinen Schinkenmakkaroni, und ich eine Tasse mit Buchstabennudeln vor meiner Pastete. PiSi und Mutter essen irgend etwas ganz Raffiniertes! Na ja, wir sind schließlich eingeladen.
Als die beleuchteten Dampfer heimfahren und die Musik spielt, steht PiSi plötzlich auf, verbeugt sich vor Mutter – und die geht mit ihm tanzen. Das ist die Sensation des Jahres! Juchheißa! Mutter und PiSi sind natürlich das schönste Paar. Mutter gleitet wie eine Elfe übers Parkett. Ich könnte vor Wonne platzen! Mutter strahlt, und PiSi guckt sie ganz verträumt an. Wenn er nur nicht so groß wäre! Mutter kommt beim Walzer kaum mit den Füßen auf den Boden – sie schwebt richtig. Aber wahrscheinlich ist genau das der Witz bei der Sache. Da könnte ich stundenlang zusehen. Aber dann kommen die beiden an den Tisch zurück, wir kriegen unser Abschiedseis, und danach geht es leider nach Hause.

Nach drei Monaten ist der ganze Zauber vorbei. PiSi reist ab. Mutter sitzt mit steinernem Gesicht auf dem Sofa. Da gehe ich hin und nehme sie in den Arm, und sie drückt mich so fest, daß es ordentlich weh tut. Ach, Mami ...und wir heulen beide ein bißchen.

Aber ein Gutes hat die ganze Sache doch: Endlich ist Mutter nicht mehr »die Witwe«, endlich nimmt sie wieder Einladungen an.

Von einer großen Gesellschaft bei Patentante Minnie Lieberoth wird sie von einem Herrn Fritz Stein nach Hause gebracht. Gleich am nächsten Tag besucht er uns. Dann kommt er oft, dann sehr oft und schließlich täglich. Und aus dem Herrn Stein wird der Onkel Fritz. Dabei kennt ihn mein Bruder ganz genau vom Gymnasium. Dort ist der neue Onkel nämlich Studienrat und unterrichtet Mathematik und Physik. Sein Spitzname ist »Mister Stone«. Jedenfalls ist er sehr musikalisch und spielt gut Klavier. Er war sogar früher im Dresdner Kreuzchor und hat viele Konzertreisen mitgemacht. Das ist doch immerhin ein Pluspunkt. Bei den Mathe-Schularbeiten kann er uns prima helfen, wenn wir mit einer Aufgabe Schwierigkeiten haben. Trotzdem ist mein Bruder froh, daß er ihn nicht im Unterricht hat. Das kann ich gut verstehen. Man braucht sich doch nur mal zu versprechen und »Onkel Fritz« zu sagen, dann wäre aber in der Klasse was los!

Wenn ich nun zu meinem Bruder sage: »Na, bin ich immer noch die doofe Nuß?«, meint er jetzt: »Nee, du Knalltüte, da spielt sich mit Mutter und Mister Stone wirklich was ab!« Der hat wieder mal eine lange Leitung, mein lieber Bruder, ehe er endlich auf den Trichter kommt. Außerdem ärgert mich, daß er dauernd so gemeine Ausdrükke zu mir sagt. Aber, warte nur, das werde ich ihm schon heimzahlen – diesem quergestreiften Himbeerbubi!

12. Wir fahren ins Erzgebirge

In den Sommer- und Herbstferien im Wald herumzustromern, Baumhäuser zu bauen – das ist das Erzgebirge. Im Schwarzwasser Forellen mit der Hand zu fangen, Steindeiche aufzuschichten, dauernd nasse Schuhe und Strümpfe zu haben – das ist das Erzgebirge. Beim Pilzesuchen und Heidelbeersammeln wegen der Kreuzottern Kanonenstiefel zu tragen, nie zu hören »das darfst du nicht« – das ist Georgenthal, eben unser Erzgebirge. Da sind wir vollkommen frei, wachsen gesund wie Kraut und Rüben auf, weil es keine Verbote gibt. Damit wir wenigstens zum Essen heimkommen, Mutter sich nicht mehr die Seele aus dem Leib schreien muß, hat ihr das gute Öhmchen eine große Kuhglocke geschenkt. Die hört man mit dem Echo weit durch das Tal.
Hier haben wir bis zu Vaters Tod drei Jahre gewohnt, weil ihm die Ärzte Höhenluft verordnet hatten. In Georgenthal und Albertsthal, zwei einsam gelegenen Familienanwesen, sind unsere Erzgebirgsfreunde, mit denen wir aufgewachsen sind. Die Geheimrats-Großmutter und Tante Jenny sprechen Englisch und Französisch. Unsere Mutter beherrscht Griechisch und Latein. Wir können auch zwei Sprachen: Sächsisch und Erzgebirgisch. Und das reden wir nach einem Tag wieder so perfekt, daß selbst Mutter uns kaum versteht.
Manchmal fährt uns der Schmidt mit dem großen Kriebsteiner Daimler-Benz nach Georgenthal. Ich fahre

wahnsinnig gern Auto. Leider vertrage ich das nicht. Mutter hat alles versucht: Mich hinten langgelegt, mit mir vorn bei Schmidt – Martin gesessen, erzählt, gesungen. Aber das hilft nichts. In Freital ist es das erste Mal soweit. Der Schmidt sagt erst leise und beschwörend, dann immer lauter: »Noch nicht ... noch nicht«, bis wir am Marktplatz sind. Dort, wo der Brunnen in die Gosse überläuft, bremst er scharf. Er reißt mich aus dem Wagen, erwischt mich am Kragen, hält die Hand an meine Stirn, und dann würge ich, was das Zeug hält. Der Schmidt hat darin große Erfahrung. Ich bin nämlich nicht die einzige in der bemerkenswerten Großfamilie, der beim Autofahren schlecht wird.

Mein Bruder findet das gräßlich und widerlich und schämt sich in Grund und Boden. Ich wäre die blödeste Zimtzicke der Welt, man sollte mir 14 Tage vorher nichts mehr zu essen geben. Er verachtet mich grenzenlos, und Mutter kann nicht verhindern, daß er dauernd schimpft, wenn der Schmidt noch dreimal in Aktion treten muß, bis wir endlich unser Ziel erreicht haben. Dann entschuldige ich mich beim guten Schmidt. Aber der lacht nur, nimmt mich in den Arm und beruhigt mich: »Ach, weißt du, wenn dein Bruder groß ist und erst mal einen über den Durst getrunken hat, dann begreift der bestimmt, wie schlimm das ist, wenn einem so ordentlich schlecht wird.«

Das tröstet mich doch sehr. Außerdem bin ich viel zu ausgelaugt, um meinen Bruder ans Schienbein zu treten.

Mit dem Zug ins Erzgebirge zu fahren, ist eigentlich viel schöner, auch wenn es länger dauert. D-Zug Dresden-Chemnitz, eine reichliche Stunde Aufenthalt – Bahnhofsrestaurant. Da ist ein älterer Kellner, der heißt Anton und hat einen böhmischen Akzent. Wir setzen uns immer dahin, wo er bedient.

Mein Bruder kriegt seine geliebte Ochsenschwanzsuppe. Ich bekomme Apfelmus, weil das hier so gut schmeckt. Mutter ißt ein Stück Eierschecke zu ihrem Kaffee. Wenn es ans Bezahlen geht, sitzen wir wie die Frösche vor der Gießkanne.

Der Anton säuselt mit seinem wiegenden Schritt an, fegt so nebenbei mit seiner Serviette ein paar unsichtbare Krümel vom Tisch. Mit hochgezogener Stirn streicht er sein Oberlippenbärtchen rechts und links aus den Mundwinkeln. Dann holt er elegant einen schmalen Block aus seiner Brusttasche, zieht einen Bleistift hinter dem Ohr vor und rattert wie ein Maschinengewehr:

1 x Ochsenschwanzsuppe, haben Sie gehabt – macht ...,

1 x Apfelmus, haben Sie gehabt – macht ...,

1 Kännchen Tee, haben Sie *nicht* gehabt – macht ...,

und so weiter.

Er macht einen schwungvollen Strich unter die Rechnung, reißt das Blatt ab und legt es mit einer liebenswürdigen Verbeugung auf den Tisch. Wir wetten schon vorher, was er uns diesmal wieder dazwischenmogelt. Jedenfalls gibt ihm Mutter prinzipiell 1 Mark 50 Pfennige weniger, gesteht ihm aber einen Fünfziger Trinkgeld extra zu, was Anton mit einem strahlenden Lächeln quittiert.

Mutter zwinkert ihm zu: »Also dann, bis zum nächsten Mal, Anton.« Und er sagt: »Küß' die Hand, gnädige Frau, ich freue mich darauf« und legt zwei Sahnebonbons für uns hin. Was wäre eine Eisenbahnfahrt ins Erzgebirge ohne Anton!

Dann geht die Fahrt weiter. Ab Schwarzenberg hängen wir am Fenster. Breitenbrunn – das Arbeiterholungsheim der Kriebsteiner Papierwerke, Breitenhof – der Feriensitz der ehrenwerten Großfamilie. Endlich Erlabrunn, unsere Endstation. Hurra!

Von hier aus kriecht der Zug langsam und bedächtig als »Bimmelbahn« durchs Schwarzwassertal, vorbei an Georgenthal und Albertsthal, bis er schließlich in Johanngeorgenstadt endet und verschnaufen kann. Erlabrunn ist nur eine winzige Bahnstation. Gegenüber liegt ein großer Gasthof, das berühmte Täumerhaus. Eine Wand im Saal ist mit einem riesigen Gemälde bedeckt. In der Mitte sind die Noten und Verse vom oft gesungenen Täumerhauslied aufgemalt, das unser Urgroßvater gedichtet und komponiert hat. Wenn wir auf einer Wanderung dort einkehren, sehen wir uns das immer an, das gehört sich eben so.

Jetzt ist uns das schnurzpiepegal! Viel wichtiger ist, daß unser Richter mit dem Leiterwagen auf uns wartet und unsere Freunde da sind, um uns abzuholen.

Wir purzeln aus dem Zug und laufen ihnen entgegen. Das ist ein Wiedersehen! Alle sind sie gekommen: die Georgenthaler Raitelhuber-Jungs und der Barth-Werner, von Albertsthal meine Freundin Gitt und ihr Bruder Karl.

Der Richter ist Turbinenwart in Georgenthal, den lieben wir sehr. Nun steht er vor Mutter, strahlt, dreht verlegen seine Mütze in der Hand und kratzt sich bedenklich den kurzgeschorenen Kopf. »Die Mücken ... die Mücken«, sagt er entschuldigend zur Begrüßung und lädt unser Gepäck auf. Wenn wir diese Worte hören, sind wir zu Hause, in unserer zweiten Heimat.

Auf dem langen Marsch nach Georgenthal haben wir uns viel zu erzählen. Hier begrüßt uns Herr Raitelhuber, der Verwalter von Georgenthal und Albertsthal. Hinter ihm steht die gute Frau Richter. Wie eine Glucke, die zufrieden ist, ihre Küken alle beisammen zu haben. Kugelrund, ein liebes Gesicht, Mittelscheitel, großer Knoten, blauschwarzgestreifte Schürze, die dicken, offenen Arme für uns ausgebreitet. Wir fallen ihr um den Hals. Sie geht mit uns in die Wohnung hoch, in den dritten Stock. Überall stehen Wiesenblumensträuße, alle Betten sind frisch bezogen, und der Tisch im Wohnzimmer ist schon gedeckt. Zur Begrüßung hat sie »Klitscher mit Leinöl« gebacken. Dazu gibt es Apfelmus. Diese Kartoffelreibekuchen macht unsere Herta auch, aber die sind überhaupt nicht mit denen von Frau Richter zu vergleichen. Die hier schmecken eben typisch nach Erzgebirge. Wir fressen uns, ohne Rücksicht auf Verluste, den Bauch bis zum Gehtnichtmehr voll. Uff!

Den Rest des Tages verbringen wir damit, die Wohnung, unsere Zimmer und unsere Spielsachen wieder in Besitz zu nehmen. Es ist ein herrliches Gefühl, Dinge wiederzufinden, die man schon fast vergessen hat. Anschließend durchstöbern wir das ganze Haus, gehen mit dem Richter durch das »Werk« mit den laut brummenden Turbinen. Der Richter stellt immer oben an der Werktür seine lange Pfeife ab. Die hat einen bunten Porzellankopf mit einem Metalldeckel, am Schaft baumeln zwei Holzeicheln an einer grünen Schnur. Wir lassen den Richter ins Werk vorausgehen und versäumen nie, ein paar kräftige Züge aus seiner Pfeife zu nehmen. Anfangs hat mein Bruder immer gehofft, daß mir davon so richtig schön schlecht wird. Pusteblume, da hat er sich aber verrechnet! Ich kann genauso gut rauchen wie er, mir schmeckt das genauso prima wie ihm, und mir wird auch genauso wenig übel.

Georgenthal ist ein mächtig großes Haus. In der rechten Hälfte kann man wohnen. Unten ist das Büro und die kleine Poststation, darüber leben die Raitelhubers mit ihren vier Buben. Und oben ist unser Reich. In der anderen Hälfte ist das Werk, das die Elektrizität erzeugt. Im Anbau ist die Wohnung vom Richter, damit er alles überprüfen kann. Von da aus kommt er ins Wasserhaus, wo die

Flut aus dem schnellfließenden »Graben« ins Werk stürzt. Da donnert das Wasser richtig, man muß brüllen, um sich zu verständigen. Ein Eisenrechen hält Äste und Blattwerk von den Turbinen ab. Der Richter holt mit einem langen Staken alles raus, was angeschwemmt wird.
Einmal im Jahr werden die Turbinen abgeschaltet und der Graben über die Wehre abgelassen. Das ist immer in den Sommerferien und eine Mordssache! Der Eisenrechen im Wasserhaus wird abmontiert. Die Männer laufen in hohen Gummistiefeln im flachen Grabenwasser lang und fischen die Forellen raus. Hinter dem Rechen sitzen die größten!
Alle, die hier wohnen, kriegen ihren Anteil. Die meisten Leute braten sie. Für uns kocht Mutter die Forellen blau mit vielen Kräutern in einem nicht zu großen Topf, damit sie schön rund auf dem Teller liegen. Dazu gibt es Butterkartoffeln mit frischer Petersilie und einen köstlichen bunten Salat – und immer Streit um die »Bäckchen«, die wir besonders mögen. Die übrigen Fische wickelt Mutter in Brennesselblätter (damit sie frisch bleiben und die Schleimschicht erhalten wird) und schickt sie per Expreß nach Dresden, wo ihre Kränzelschwestern sie noch am selben Tag am Bahnhof abholen können.
Über dem Werk liegt der große »Raum«. Der ist immer warm durch die Maschinen. Da toben wir uns aus, wenn es regnet. Es gibt ein richtiges Reck und eine Schaukel mit Ringen und Trapez. Hier habe ich auch prima Turnen gelernt und war so die erste in meiner Klasse, die Aufschwung, Umschwung, Knie- und Sitzrolle vorwärts und rückwärts konnte. An den vielen Fenstern sind überall Spinnweben. Oft fangen sich da schöne bunte Schmetterlinge. Die befreie ich, wenn sie noch leben, und lasse sie wieder fliegen.

Ganz oben auf unserer Etage ist der Abstellboden. Da steht noch die alte Eisenbahn von Vater mit großen Lokomotiven und Wagen, langen Schienenbögen, Bahnhöfen und Draisinen. In einer Kiste liegt eine richtige Dampfmaschine. An einem Rad hängen lauter kleine Eimer, die Wasser schöpfen und ausgießen. Für mich ist aber Vaters Laterna magica das Schönste. Da gibt es einen Kasten mit bunten Glasplatten, die man einschieben muß. Die zeigen Bilder aus fernen, fremden Ländern. Ich interessiere mich außerordentlich für die große, weite Welt und verschlinge alles, was ich darüber lesen kann. Manchmal packt mich eine Sehnsucht, dann kriege ich richtig Fernweh.
Ich bin nun elf Jahre und habe meiner Freundin Gitt nicht erzählt, daß ich seit einem Jahr aufs Gymnasium gehe. Sie soll nicht denken, daß ich damit angebe. Sie ist nämlich nur drei Jahre auf der kleinen Dorfschule in Steinheidel gewesen und kann nicht ordentlich lesen und schreiben. Aber dafür hat sie viele andere Sachen gelernt.
Gitt drängelt mich, die Kerze in der Laterna magica anzuzünden. Wir hängen ein Fenster zu, dann kann man die Bilder an der Wand besser erkennen. Immer wieder will sie Geschichten von fremden Ländern und Menschen hören. Manchmal fühlt sie, daß sie einen »heiligen Schauder« kriegt. Dann muß ich sie ordentlich auf dem Rücken kratzen. Anschließend läßt sie alle Finger knacken. Erst, wenn sie ihre Schürze glattgestrichen hat, darf ich weitererzählen. Sie hört mit glänzenden Augen und offenem Mund zu. Für sie sind meine Geschichte und die seltsamen Bilder von Pyramiden, Kamelen, Moscheen, heiligen Stätten in Palästina und Schwarzen aus Afrika wie die Märchen aus 1001 Nacht. Dann habe ich oft das Gefühl, daß unsichtbar neben mir das Würzburger Öhmchen sitzt und mir alles zuflüstert, was ich meiner Freundin über den

Orient erzählen kann. Wenn wir das Licht in der Laterna magica löschen und wieder im Erzgebirge sind, schnauft die Gitt laut und meint, sie möchte doch lieber zu Hause bleiben, sonst hätte sie Heimweh. Das glaube ich ihr.
Manchmal kann die Gitt nicht mit mir spielen. Dann muß sie zu Hause helfen. Dreimal in der Woche bekommen Friedrichs in Albertsthal Heimarbeit. Zweimal Handschuhnäherei und einmal Posamentendreherei. Am Anfang habe ich nur zugesehen. Jetzt weiß ich, wie das geht, und darf mitmachen.
Da kommt ein Wagen und bringt viele Kartons mit Handschuhen. Ober- und Unterteile in allen Farben, und das Leder duftet gut. Erst habe ich nur die Kordonettseide für alle eingefädelt, nun darf ich die drei Rippen auf der Oberseite nähen. Die Löcher sind vorgestanzt. Unter die Rippen kommen kleine Schnüre, damit sie schön vorstehen. Gitt, ihre großen Schwestern Gerda und Traut nähen die Finger zusammen, Frau Friedrich den Daumen und den unteren Rand, der hochgekippt wird und doppelt ist. So sitzen wir alle oben in Albertsthal in der Wohnküche. Unten auf dem Boden krabbelt das Kind von Traut, das keinen Vater hat. Die Traut ist nicht schön, das Kind auch nicht. Meistens riecht es entsetzlich durch die nasse Hose. Dazwischen turnen die vier neuen, jungen, rotweißen Katzen herum. Das stört niemand. Alle lieben das stinkige Kind mit der ewigen Rotznase und die kleinen Katzen. Bei der Arbeit wird gesungen – das Lied vom Vogelbeerbaum – mit allen Versen. Ich singe schön laut die zweite Stimme. Es ist wieder richtig gemütlich bei Friedrichs in der »Hutzenstub«. Herr Friedrich ist der Turbinenwart in Albertsthal. Wenn er vom Werk hochkommt, trinkt er seinen Zichorienkaffee, nimmt Trautes Kind aufs Knie und läßt es hopsen. Niemand findet etwas dabei, wenn er dann

auf der alten braunen Manchesterhose einen nassen Fleck hat, der nicht gerade nach Veilchen duftet. Mutter kommt manchmal vorbei, wenn wir nähen. Sie bringt Kuchen mit und bestellt für die Kränzelschwestern schöne Glacéhandschuhe.
Sind die Handschuhe fertig, kommen die Posamenten dran. Dazu werden viele Kartons mit bunter, glänzender Seide geliefert. Zum Kordeldrehen gehe ich mit Gitt in die große Werkhalle. Vier Fäden Kordonettseide, mindestens fünf Meter lang, drehen wir. Eine rechtsherum, eine linksherum, bis die Seide straff wird. Das ist gar nicht so einfach. Wir drehen langsam und zählen laut dabei, damit sich nichts verheddert und alles schön gleichmäßig wird. Dann kommt der schwierige Teil: Wir hängen ein Gewicht in die Schnurmitte. Ich halte mit dem Gewicht die Schnur stramm, Gitt nimmt beide Enden fest in die Hand und steigt eine lange Leiter hoch. Erst, wenn sie sicher steht und das Gewicht beide Enden parallel nach unten zieht, darf ich das Gewicht loslassen. Dann dreht sich die Schnur von allein zusammen, bis sie ruhig hängen bleibt. Geschafft!
Wir können das schon prima zusammen und fabrizieren Kordeln in allen Längen. Daraus machen Frau Friedrich und die älteren Töchter wunderbare Troddeln und Quasten.
Die Gitt ist kleiner als ich, blaß und hat strohblonde Haare. Sie hat blitzblaue Augen und ein ganz liebes Gesicht. Ich werde schnell braun und habe schwarzbraune Haare. Vielleicht sind Gitt und ich deshalb gute Freundinnen, weil wir so verschieden sind. Wenn Gitt Zeit hat, sind wir im Wald oder am Schwarzwasser. Dann erzählt sie, was hier inzwischen alles passiert ist. Der Vater von Trautes Kind hat sich aufgehängt! Oh Gott, jetzt kriege ich einen »hei-

ligen Schauder«. Wie die Gitt das beschreibt, wie der ausgesehen hat, als sie ihn oben im Wald gefunden haben! Das war ein Schmuggler aus der Tschechei. Der hatte dort auch eine Familie mit fünf Kindern und einen Brief in der Tasche, daß er mit seinem Leben nicht mehr zurechtkommt.

Von der Tschechei kommen viele Pascher (Schmuggler). Die Erzgebirgler sind arme Leute, aber die, die von da drüben kommen, sind noch viel ärmer dran. Die Frauen bringen Klöppeldeckchen und verkaufen sie ganz billig. Ich habe auf dem Marktplatz in Johanngeorgenstadt gesehen, wie man klöppelt. Die Frauen sitzen vor einem Ständer, auf dem ein runder Sandsack liegt, von dem lauter lange Holzgarnspulen herunterhängen. An der Seite sind viele Stecknadeln, die sie dazwischen pieken, wenn sie die Spulen mit den weißen Fäden herumwirbeln und ganz zarte Spitzendeckchen zaubern. So schnell, wie man gar nicht gucken kann. Ich bewundere das grenzenlos. Kein Deckchen ist wie das andere, jedes ist ein kleines Kunstwerk.

Wenn die Tschechenfrauen zu uns nach Georgenthal kommen, wissen sie, daß Mutter ihnen etwas abkauft. Mutter legt die kleinen, runden als »Klapperdeckchen« zwischen die Meißner Porzellanteller und Tassen. Für die Kränzelschwestern besorgt sie auch große ovale und viereckige Decken. Und wenn sie mit ihren breiten Körben voller Pilze und Heidelbeeren da sind, kauft Mutter wieder. Dann wird Heidelbeerkompott eingemacht. Die Pilze werden auf langen Gestellen getrocknet und wandern mit nach Dresden für Eintopf, Gulasch oder an den Braten.

Mutter gibt den Leuten immer irgendwelche Kleidungsstücke und Wäsche mit. Für die Kinder hat sie Medizin zurechtgemacht: Fiebertabletten, Nasen- und Ohren-

tropfen. Sie sitzen bei uns in der Küche und essen sich ordentlich satt.
Wir sind hier ganz nah an der Grenze. Oben in Johanngeorgenstadt ist die Dreckschänke. Da geht über den Tresen eine dicke, weiße Kordel – hier ist Deutschland – drüben die Tschechei. Aber darum schert sich eigentlich niemand. An den Wänden hängen Bilder mit Noten und Versen von Anton Günther, dem Heimatdichter. Seine Lieder vom »Vugelbeerbaam«, »O Arzgebirg – wie bist du schie«, »Of de Barg, do is halt lustig« »Wu de Wälder haamlich rausch'n« ... und »'s is Feierobnd« singt man hüben und drüben von der dicken, weißen Kordel.
In Albertsthal gibt es auch eine Ferienwohnung über dem Werk. Hier lebt der Senatspräsident Anders mit seiner Tochter, die wir Tante Deda nennen. Sie ist ein älteres Fräulein, das sich ganz ihrem Vater widmet. Seit »Heil Hitler« die Freimaurer verdammt hat, hat die Großfamilie ihm diese Wohnung zur Verfügung gestellt. Mutter hat uns erklärt, wie das zusammenhängt, daß er Großmeister dieser Loge gewesen ist und nicht mehr in Dresden bleiben konnte.
Wenn ich in Albertsthal bin, besuche ich ihn jedesmal. Da sitzt der alte Herr an seinem Schreibtisch über seinen Manuskripten. Ganz weiße Haare, mit einem großen weißen Bart, wie ein alter Uhu. So stelle ich mir Petrus vor: breit und mächtig, gütig und weise. Einmal am Tag geht er oben am Grabenweg entlang. Mit einem riesengroßen, schwarzen Hut, einem schwarzen Lodencape, das bis auf den Boden reicht. Manchmal darf ich mitgehen. Dann hält er meine Hand, und ich fühle mich geborgen. Er redet mit mir, ich höre genau zu und versuche, die Welt um mich herum zu verstehen.

13. Unsere Freunde

Was machen die Jungs? Die sind »aushäusig«, wie Mutter das nennt. Das heißt, daß sie sich den ganzen Tag oben im Wald herumtreiben und ein neues Baumhaus bauen. Diesmal haben sie sich einen Punkt ausgesucht, von dem aus sie den Weg überblicken können, auf dem der »Feind« langkommen muß. Der Kommunistentrupp von Johanngeorgenstadt.

Dort gibt es nun zwei getrennte Gruppen. Auf der einen Seite die überzeugten Nazis, die an Hitler glauben, begeistert zum Reichsparteitag nach Nürnberg fahren und stolz ihr goldenes Parteiabzeichen tragen. Wenn sie ihre Versammlungen abhalten, wird geflaggt. Kommt der Gauleiter Mutschmann zu Besuch, verteilen sie im ganzen Schwarzwassertal Hakenkreuzpapierfähnchen, die wir schwenken sollen, wenn er mit seinen SA-Leuten im offenen Mercedes vorbeifährt. Mutter geht dann immer mit uns wandern, damit wir nicht da sind. Auf der anderen Seite gibt es die Kommunisten, von denen die meisten Bergarbeiter sind. Für die gehören wir zur »besitzenden Klasse«, deshalb lauern uns die Kommunistenjungs in den Ferien auf, schimpfen uns »verdammte Ausbeuter« und wollen uns verprügeln. Aber das hört jetzt auf! Wir haben uns gut vorbereitet, sollen sie nur kommen!

Jeden Tag fährt einer von unseren Jungs mit dem Rad das Schwarzwassertal runter und klaut leere Bierflaschen im Hof vom Täumerhaus. Wir haben bereits eine Art Kano-

ne gebaut, mit der man die Flaschen, gefüllt mit Wasser und Karbid, auf den Weg schießen kann. Gott, bin ich froh, daß Mutter davon nichts weiß!
Mich hat man nicht so einfach eingeweiht, ach wo. Ich mußte mich erst »qualifizieren«, sprich: eine Mutprobe ablegen! Das haben die Jungs vorher gut eingefädelt. Während Mutter abends mit Raitelhubers in aller Gemütsruhe eine Partie Rommé spielt, jeder uns wohlversorgt, in tiefem Schlaf in den Betten wähnt, wird zur Tat geschritten. Ich muß im Dunkeln allein den ganzen Grabenweg bis Albertsthal langgehen. Grauenhaft!
Ich stehle mich also heimlich über das Wasserhaus (das Tosen der Turbinen klingt nachts nicht gerade ermutigend) auf den Grabenweg und fange an zu zählen. Meine Lieblingszahl ist 3 – und weil 3 x 3 eben 9 ergibt, ist das für mich die »auserwählte« Zahl! Ich laufe langsam los und zähle meine Schritte, immer von 1 bis 9. Nicht laut, sondern wie einen Rhythmus in meinem Kopf. Einatmen – ausatmen – ausatmen. Ich stecke die Hände in die Taschen und halte mich dort fest.
Der Wald ist nachts voller Geräusche. Hier knackt, da knistert es, rollen Steinchen den Hang hinunter, Käuzchen schreien, das Wasser rauscht, und man sieht kaum die Hand vor Augen. Aber tief innen hat mich der Ehrgeiz gepackt. Das wäre ja noch schöner! Den Triumph, daß ich bange bin, lasse ich denen nicht.
Auch wenn plötzlich vor mir ein Ast niedersaust, Schritte hinter mir langtapsen, jemand schrecklich keucht, dicht über mir eine »Eule« ihr lautes Schuhuuu ausstößt, ein einzelner Schuß im Wald schallt – ich zähle meine Angst Schritt für Schritt nieder.
Endlich die Lichter von Albertsthal. Das letzte Stück laufe ich wie im Tran. Geschafft! Da sind auch die Jungs. Ich

kriege einen Schubs in den Rücken. Mein Bruder sagt: »Nicht schlecht!« Die anderen nicken. Das war's! Ich bin also »aufgenommen«. Unterster Dienstgrad. Ich darf Bretter für das Baumhaus schleppen. Zur Einweihung muß ich Vanillepudding und Zwieback organisieren. Wehe – das klappt nicht! Wenn die Jungs nur nicht so schnell gingen. Ich keuche mit den schweren Brettern immer hinterher.

»Bi När nett asu laud!« schreie ich mit letzter Kraft meinem Bruder nach, was übersetzt heißt: Lauf doch nicht so schnell! Doch der dreht sich kaum um und ruft zurück: »Moch nar hie!« Das bedeutet: Bummel doch nicht so, beeil dich endlich.

Eines Tages kommt es zur großen Schlacht. Unsere Jungs und die »Feinde« verdreschen sich fürchterlich. Die Karbidkanone dröhnt, die Knüppel sausen, die Fetzen fliegen! Das feindliche Bolzengewehr tritt gar nicht erst in Aktion und wird sofort erbeutet. Dafür trifft Klaus in dem Gewimmel mit dem Luftgewehr meinen Bruder durch die Lederhose in den Po. Aber wir haben gewonnen. So schnell kommen die nicht wieder. Sie humpeln schwer angeschlagen nach Hause. Hurra!

Mutter sagt kopfschüttelnd: »Müßt ihr euch denn dauernd herumprügeln?«

Sie weiß gar nicht, worum es geht, weil alle dichthalten. Wir beißen tapfer die Zähne zusammen, als sie unsere Wunden mit der Wasserstoffsuperoxyd-Flasche ausschäumt, damit sie »primär« heilen. Sie holt meinem Bruder mit der Pinzette das Ding von dem Luftgewehr aus dem Po. Diesmal stehe ich dabei und grinse. Schadet ihm gar nix! Was wir nicht wissen, ist, daß Mutter noch am gleichen Abend eine sehr ernste Aussprache mit Raitelhubers hat. Wir merken das daran, daß das Luftge-

wehr von Klaus »ein für alle Mal« konfisziert worden ist. Was soll's: Wir haben ja das erbeutete Bolzengewehr, und das ist gut versteckt.
Der Sieg wird großartig im Baumhaus gefeiert, und Mutter sagt keinen Ton, daß zu Hause eine Keksdose und eine Flasche Limonade fehlen.
Mutter meint beim Frühstück so nebenbei: »Heute könnten wir eigentlich mal wieder Forellen essen.«
Schon sind wir unterwegs. Das Schwarzwasser fließt schnell, ist aber an vielen Stellen gar nicht tief. Das Bachbett liegt voller Steine und Felsbrocken. Es verändert sich jedes Jahr durch das Hochwasser, das mit der Schneeschmelze kommt. Dann wird das Schwarzwasser zum gefährlichen Fluß. Brücken werden weggerissen, Wehre und Wiesen ringsum überflutet, Stein- und Geröllmassen donnern durch das Tal. Auch die Holzbrücken bei Georgenthal und Albertsthal hat das Wasser zerstört. Seitdem hat man feste eiserne Brücken gebaut, die der Flut standhalten.
Jetzt im Sommer ist das Wasser wieder ruhig und hat hier und da kleine Inseln gebildet, um die es talabwärts strömt. Da kann man Dämme bauen und den Bach umleiten. Unter den flachen Steinen sitzen die Forellen. Wir greifen sie mit der Hand. Wenn ich eine erwische, fasse ich fest zu und werfe sie ans Ufer. Ich kann sie nicht »köpponieren«, das heißt totmachen. Mein Bruder faßt ihr ins Maul, knickt den Kopf blitzschnell nach hinten – und der Fall ist ausgestanden.
Zweimal in der Woche kommt der Bacher-Beck mit seinem Pferdeplanwagen und bringt frische Semmeln, Brot und Kuchen. Die großen, runden Brote sind Vierpfünder. Sie passen gar nicht in unsere Brotschneidemaschine. Aber Frau Richter hat Mutter gezeigt, wie man das macht: Man

nimmt den mächtigen Laib aufrecht vor den Bauch und schneidet mit einem Messer immer nur eine halbe Scheibe ab – dann dreht man das Brot.

Frisches Brot vom Bacher-Beck mit Richters Margarine und Salz, das ist ein Festessen! Friedrichs tunken das Brot lieber in Leinöl, wenn die Rinde so knusprig ist. Wir haben Mutter bestürmt, daß wir nur noch Margarine essen wollen. Sie hat auch welche gekauft – aber das war nicht die richtige. Es muß die sein, die Richters haben, die billige aus dem Faß, die abgewogen und ins Papier gewickelt wird. Wir bestehen darauf, auch wenn Mutter sagt, die riecht hundsordinär, wir sollten lieber Butter auf das Brot schmieren.

Wer noch nie den Kuchen vom Bacher-Beck gegessen hat, weiß nicht, was gut ist. Heidelbeerkuchen, Apfelkuchen mit Zimt und Nelken, Kirsch- und Pflaumenkuchen mit Streuseln, auf einem dünnen Hefeboden, groß wie Wagenräder. Die Stücke sind so lang, daß man mit beiden Händen zugreifen muß und einem der Saft am Ellbogen heruntertropft.

Mein Bruder ist gut Freund mit dem Bacher-Beck. Er darf einmal in der Woche neben ihm auf dem Kutschbock bis nach Johanngeorgenstadt mitfahren und die Backwaren austragen. Der Lohn ist ein »Viertel Polnische« und eine Zeilensemmel. Wenn er zurück ist, braucht er kein Mittagessen mehr.

Da kommt aber auch noch ein anderer Pferdewagen vorbei: Das ist der Gemüsemann. Der hat hohe Fässer mit Sauerkraut, Rotkraut und frisch eingelegten Salzgurken geladen. Wenn er mit seiner Glocke oben auf der Landstraße bimmelt, gibt es kein Halten mehr. Für einen Groschen greift er mit einer Holzzange zwei besonders große Gurken für uns heraus. Die vertilgen wir auf der Stelle –

auch wenn wir den halben Tag sauer riechen, weil die so triefen.
Der Gemüsemann hat aber noch eine andere Spezialität: Leichenfinger! So nennt man die blaßgelben, schmalen Magermilchkäsestangen, die er vorsichtig mit einer Holzgabel aus den flachen Holzkistchen herausholt und in Zeitungspapier einwickelt. Frisches Brot, Richters Margarine und Leichenfinger – Herz, was willst du mehr!
Brauchen wir sonst irgend etwas, fahren Mutter und ich mit dem Postauto nach Johanngeorgenstadt. Eigentlich erledigen wir das schon am Anfang der Siedlung – bei Frau Urban. Da geht man nicht in den Laden rauf, sondern runter, und da kriegt man einfach alles. Wenn jemand zu mir sagen würde, ich solle mal die Frau Holle malen, ich würde Frau Urban zeichnen. Genauso sieht die nämlich aus, und sie freut sich jedesmal, wenn wir kommen. Mich faszinieren die vielen Bonbonsorten in ihrem Laden. In sechseckigen Gläsern, in drei Reihen übereinander, liegen die buntesten Mischungen. Ich bin selig, wenn ich meine Spitztüte – für fünf Pfennig – »Süßsauer« bekomme, die ich mit Gitt teile. Das sind kleine, bunte Walzen, mit Blümchen in der Mitte, ganz gläsern und hart.
Frau Urban hat auch »Lebenswecker«, dreieckige, klebrige Bonbonsteine, die sie mit einer Metallschaufel erst im Glas losstoßen muß und die köstlich nach Pfefferminz schmecken.
Nach einem ausgedehnten Schwätzchen mit Frau Urban, der aktuellen Tageszeitung der Umgebung, kommt das Postauto zurück und bringt uns wieder nach Hause. Manchmal fahren wir aber auch ganz in die Stadt hoch, wenn Mutter in die Apotheke muß, ins Handarbeitsgeschäft will oder in der Konditorei frische, runde, knusprige Karlsbader Waffeln besorgt. Mit Nußnougat gefüllt,

schmecken sie zehnmal besser als die, die man im berühmten Café Toscana in Dresden an der Elbbrücke bekommt. Ins Handarbeitsgeschäft darf ich nicht mehr mit hinein, ich muß draußen warten. Die Verkäuferin hat nämlich einen verheerenden Sprachfehler. Wenn sie »Schmittsche Wolle« sagt, kriege ich jedesmal einen Lachkrampf.

Sonntag nachmittags trinken wir mit der Raitelhuber-Familie unten in der Laube, hinter dem Haus, Kaffee. Wir Kinder verdrücken Unmengen von Kuchen. Auch Gitt und Karl von Albertsthal sind da. Das ist wichtig, weil wir anschließend kegeln. Sie gehören zu unserer Partei gegen die Raitelhubers.

Baumkegeln dürfen wir nur mit den Erwachsenen zusammen, weil das zu gefährlich ist. Herr Raitelhuber holt die Leiter und hängt die lange Eisenkette mit der schweren Holzkugel in den Haken an den Ast der großen Eiche, die neben der Laube steht. Unten ist ein Holzplateau, da werden die Kegel aufgestellt. Wer dran ist, steigt auf ein Podest und bekommt die Kugel zugereicht. Das ist gar nicht so leicht, mit der schwingenden Kugel die Kegel zu treffen, macht aber unheimlich Spaß. Jede Partei kämpft verbissen um den Sieg. Frau Raitelhuber schreibt die Punkte auf. Der Preis ist eine Tafel Schokolade, die mit Indianergebrüll begrüßt, am Ende aber zwischen Siegern und Verlierern redlich geteilt wird.

Wir hören erst auf, wenn es langsam anfängt zu dämmern. Dann kommen Richters mit der Stallaterne, und wir sitzen noch gemütlich beisammen und singen. Frau Raitelhuber mit ihrem tiefen Alt die dritte – ich die zweite Stimme. Das klingt schön, daß einem richtig das Herz aufgeht. Kein schöner Land ...

Anschließend nimmt Mutter die Laterne, und wir bringen Gitt und Karl nach Hause. Wir sind ganz leise, über-

all auf den Wiesen kommen jetzt die Rehe zum Äsen aus dem Wald. Gitt und ich geben uns die Hand, weil alles so still und friedlich ist.
Die Wege, die wir mit Mutter durch den Wald laufen, führen in langen Serpentinen den Berg hoch, und wir haben ihnen Namen gegeben. Den Schlangenweg liebe ich besonders. Hier am Waldrand, auf sonnigen Steinen, liegen oft Kreuzottern. Wenn man ruhig stehen bleibt, kann man sie genau betrachten. Sie sind nicht so groß wie Ringelnattern. Man erkennt sie deutlich an ihrem abgesetzten Kopf und ihrer Zeichnung.
An der letzten Biegung ist die Schlangenbank. Man sieht weit über das Tal hinunter. Der große Kahlschlag ist ein Blumenmeer. Die Fingerhutkerzen und Weidenröschen leuchten in sanften Rottönen. Dazwischen gelbe Goldruteninseln, große und kleine, dunkel- und hellblaue Glokkenblumen. Die Gräser wehen leicht im Wind. Am Waldrand findet man noch vereinzelt Türkenbund und immer wieder Arnika. Neben der Bank auf den Felssteinen silberfarbenes Moos mit leuchtendroten kleinen Trompetenblüten. Zwergengärten!
Mutter sitzt mit uns auf der Bank in der Sonne und hat die Arme um uns gelegt. Wir ruhen uns aus und reden gar nicht viel. Wie schön das ist! Meisen und Kreuzschnäbel sind unterwegs und lassen sich ganz in unserer Nähe auf den Fichten nieder. Irgendwo schäckert ein Eichelhäher, trommelt ein Specht an einem hohlen Baum. Hoch über uns ziehen zwei Habichte ihre Kreise. Da weiß ich plötzlich, wie das sein muß, wenn man sich richtig wohl fühlt. Das ist wie bei einer Schnecke, die langsam ihre gläsernen Hörnchen ausfährt, in die dann der dunkle Saft nachsteigt – so ganz von innen heraus.
Auf dem Heimweg suchen wir Pilze, gehen rechts und

links vom Weg in den Wald. Wir kennen die Stellen genau, wo Steinpilze, Pfifferlinge, Braunhäuptchen und Champignons stehen. Bei Pilzen macht uns keiner was vor. Wir kennen alle Arten, die es hier gibt, die guten und die giftigen.
Unten am Wiesenweg steht noch eine Bank. Mein Bruder läuft schon nach Hause, während Mutter und ich gleich hier die Pilze putzen und die Abfälle im lockeren Waldboden vergraben. Abends gibt es dann ein herrliches Essen: frische Pilze – auf einem dicken Zwiebelbett gebraten, mit Petersilie aus dem Garten.
Auch wenn Mutter oft mit Onkel Fritz telefoniert, so sind wir doch heilfroh, daß er nicht da ist. Der paßt einfach nicht in unser Erzgebirge. Soll er doch mit seiner Mathematik in Dresden selig werden. Das Erzgebirge gehört uns!

14. Winter

Die Weihnachtsferien lieben wir ganz besonders. Ski laufen, Sprungschanzen und Schneehäuser bauen. Erst am späten Nachmittag, wenn der Schnee schon blaue Schatten zieht, endlich heimkommen. Die »Bretter« abzuklopfen, im Hausflur an die Wand zu stellen, sich am bullernden Kachelofen aufzuwärmen, während unter der Ofenbank Stiefel und Handschuhe trocknen und die Bratäpfel in der Röhre duften. Am Abend unter der Lampe am Tisch mit Mutter und Raitelhubers gemütlich Elfer-raus, Mensch-ärgere-dich-nicht, Halma, Denk-fix, Hütchenspiel, Mikado oder Rommé zu spielen, ab und zu durch das Fenster zu sehen, wie es draußen schneit, auch das ist Georgenthal, unser Erzgebirge!

Diesmal haben wir eine besondere Freude. Das Öhmchen aus Würzburg kommt und will mit uns das Weihnachtsfest hier verbringen. Wir holen sie in Erlabrunn ab, hieven sie, trotz Gegenwehr, auf den Gepäckschlitten, mummeln sie warm in Decken ein und ziehen sie im Triumph durch den dicken Schnee nach Hause. Hinterher lacht sie und sagt, so eine verrückte Schlittenpartie hätte sie ihrer Lebtag noch nie mitgemacht.

Die Jungs haben am Hang eine Sprungschanze aufgerichtet. Ich darf Wassereimer ranschleppen, damit das Bauwerk schön vereist und stabil wird. Dann kommt der große Moment: Die Jungs starten von ganz oben, zünftig ohne Stöcke, schießen über die Schanze, landen (wie auch im-

mer) auf der abschüssigen Bahn und bremsen mit einem prima Stemmbogen. Dann bin ich dran. Eigentlich möchte ich lieber nicht von ganz oben losfahren, das sieht mir zu gefährlich aus. Aber die Jungs protestieren: Feige sein gilt nicht! Also grätsche ich den Hang hoch, ramme meine Stöcke in den Schnee, atme tief durch und befehle meine Seele dem Grundgütigen.
Auf geht's – Schußfahrt, Abflug über die Schanze – Salto – mit den Skispitzen und dem Gesicht zuerst in den Schnee! Die Jungs brüllen vor Begeisterung, buddeln mich wieder aus, stehen dann aber etwas verdutzt vor meinen Brettern, die keine Spitzen mehr haben. Brettelsalat!
Mit den ausgegrabenen Bruchstücken, den kaputten Skiern, über der Schulter marschiere ich bedeppert, durch den Sturz leicht benebelt nach Hause und gehe gleich zum guten Richter. Der lacht mich Gott sei Dank nicht aus und flickt meine Bretter mit breiten Metallmanschetten wieder zusammen.
Vor dem Haus stechen wir Schneequader aus und bauen ein Iglu. Innen fügen wir Blöcke zu einem Sitz zusammen. Weil mein Bruder gelesen hat, daß die Eskimos sogar nackt mit ihren Fellen darin leben, ziehen wir sofort unsere Jacken und Pullover aus und denken, daß uns nun warm wird. Als meine Zähne zu klappern anfangen, sage ich bibbernd, ich müßte aufs Klo. Das Merkwürdige ist nur, daß mein Bruder mir nachschreit: »Beeil dich, ich auch!«
Das war wohl nichts, wir müssen etwas falsch gemacht haben, oder die Geschichte von den Eskimos ist erlogen.
Eines Nachts ist der Teufel los! Überall gehen die Lichter an. Der Richter weckt uns alle. Herr Raitelhuber telefoniert mit Albertsthal und dem Forstmeister. Was Beine hat, stürzt zum Wasserhaus. Ein kapitaler Hirsch, ein Sech-

zehnender, ist in den Graben eingebrochen und hängt nun vor dem eisernen Rechen, wo das Wasser in die Turbinen stürzt. Er stemmt sich verzweifelt gegen den Rost und schlägt mit dem mächtigen Geweih hin und her. Der Kampf ist beängstigend! Wir stehen hilflos herum und müssen mit ansehen, wie das Tier immer matter wird. Inzwischen sind die Albertsthaler und der Forstmeister eingetroffen. Schließlich gibt der Hirsch auf und hängt wie leblos vor dem Eisenrechen. Die Männer holen Seile und Ketten, schieben vorsichtig Stangen unter seinen Körper. Endlich gelingt es ihnen, den Hirsch über die Schräge hochzuziehen. Alle greifen zu und tragen das schwere Tier, dessen Bernsteinaugen uns unverwandt ansehen, in die ehemaligen Pferdeställe, wo man schnell eine Lage Heu ausgebreitet hat, legen es auf den Boden und entfernen Ketten und Seile. Bis auf ein paar Schrammen an den Läufen und eine abgebrochene Geweihecke scheint es unverletzt zu sein, meint der Forstmeister.

Wir sind so aufgeregt und kriegen in dieser Nacht kein Auge zu. Wir sehen immer noch das Bild vor uns und sind halbtaub vom Tosen des Wassers.

Am nächsten Morgen warten wir alle vor dem Stall. Der Richter öffnet vorsichtig die Tür und kann gerade noch zurückspringen. An ihm vorbei flüchtet der Hirsch in Riesensprüngen über den Hof und verschwindet oben im Wald. Ist das ein Jubel! Wir fallen uns gegenseitig um den Hals.

Zwei Tage vor Weihnachten beschließen wir, mit dem Zug nach Schwarzenberg zu fahren, um uns die »Feierobnd-Ausstellung« im Rathaus anzusehen. Hier werden die Schnitzereien und buntbemalten Drechseleien gezeigt, die für das Erzgebirge typisch sind. Schon im Treppenhaus steht eine mächtige zwölfstöckige Pyramide. Langsam drehen sich die Teller mit den Figurenpuppen im Kerzenlicht. Ganz oben unter dem gefächerten Propeller die Verkündigungsengel. Darunter die Bergmannskapelle in ihren Trachten mit den hohen Kappen. Dann die ganze Weihnachtsgeschichte mit Hirten, Schafen, den Heiligen Drei Königen und ihren Kamelen, die mit Schätzen vollgeladen sind. Im Zentrum die Heilige Familie zwischen Ochs und Esel. Der Josef immer einen Kopf kleiner als Maria, das ist Tradition.

Auf der Empore singt ein Chor die schönen erzgebirgischen Lieder. In allen Räumen geschmückte Weihnachtsbäume. Nicht etwa mit Lametta und Glaskugeln, nein, richtig erzgebirgisch: mit Holzfiguren, roten Holzherzen, versilberten Nüssen, langen Tannenzapfen, rotbackigen, glänzenden Äpfeln, kunstvoll geschnittenen weißen und goldenen Papiersternen.

Was uns am meisten fasziniert, ist das Silberbergwerk, das man im weiten Ratssaal aufgebaut hat. Alle Figuren bewegen sich. Oben werden die Stempel gesägt und von Pferdewagen in die Stollen gefahren. Tief unten in den Gängen hämmern Bergleute. Sie laden das Gestein auf Loren, die sie auf Schienen nach oben schieben. Der ganze Berg lebt, überall wird im Schein der Grubenlampen fleißig gearbeitet.

Mutter und Öhmchen können uns nur schwer bewegen weiterzugehen, um auch die anderen Schnitzereien und Kunstwerke anzusehen: Pyramiden in allen Größen, buntbemalte Bergmänner, Christengel, Nußknacker, Räuchermänner und Kurrendesänger (Weihnachtlicher Knabenchor). Engelkapellen und Krippen – keine Fabrikware, alles in liebevoller Heimarbeit hergestellt.

Wir kommen gerade noch zurecht, um auf dem Weihnachtsmarkt vor dem Rathaus die Turmbläser zu hören.

Geschäftig treiben die Menschen zwischen den beleuchteten Buden umher. Hier gibt es keine Schausteller, Karussells oder Attraktionen. Was den Schwarzenberger Weihnachtsmarkt so anziehend macht, sind Bratwürste, Zuckerwatte, kandierte Äpfel, Pflaumentoffel (Schornsteinfegermännchen aus Backpflaumen), Bänder und Klöppeleien, Schürzen, gestrickte Handschuhe, Mützen und Socken, Töpfe und Holzlöffel. Das Winter-Erzgebirge ist eben ein Weihnachtsland.
Wir haben uns längst müde gelaufen. Der Schnee fällt unaufhörlich in dünnen, leisen Flocken. Es ist bitterkalt geworden. Nur zu gern nehmen wir die Einladung von Öhmchen an, im Ratskeller noch eine schöne, warme Suppe zu essen. Der letzte Zug geht erst in einer Stunde.
Spät erreichen wir endlich Erlabrunn. Herrgott, ist das eine Kälte! Vollmond, der Schnee klirrt, die vereisten Telegrafendrähte singen, und wir haben noch einen Marsch von sieben Kilometern vor uns. Vor dem hell erleuchteten Täumerhaus steht ein Pferdeschlitten. Die Tiere sind unruhig, schütteln die schneebedeckten Köpfe. Im Gasthof geht es laut zu.
Wir machen uns auf den Weg und sind noch gar nicht weit gelaufen, als hinter uns ungleichmäßiges Getrappel erklingt. Das Öhmchen hat die Situation als erste erfaßt, schreit: »Runter von der Straße, die Pferde gehen durch!« Wir weichen aus und versinken im tiefverschneiten Straßengraben. Nur mein Bruder bleibt und fängt an zu laufen, obwohl Mutter laut ruft. Da kommt das Gespann angehetzt! Er greift in den nachschleifenden Zügel, stemmt sich mit den Absätzen in den Schnee und wird ein Stück mitgerissen, aber plötzlich werfen die Pferde die Köpfe hoch und stehen. Es ist wie ein Wunder. Mein Bruder spricht beruhigend auf sie ein: »Brr, brr – es ist ja gut so.«

Endlich stürmen vom Täumerhaus Gestalten herbei. SA-Leute, die da gefeiert haben. Ziemlich angetrunken lachen sie und machen Witze. Mutter ist wie von Sinnen: »Verdammt noch mal, so helfen Sie doch, nehmen Sie dem Kind die Pferde ab!«
Einer von den Braunangezogenen klopft ihr leutselig auf die Schulter: »Aber Muttchen, wer wird sich denn so aufregen ...« und brüllt laut sein »Heil Hitler«.
Wir kümmern uns um unser Öhmchen. Sie sitzt wie eine Sofapuppe im Straßengraben, ihre Röcke im Kreis um sie. Wir heben sie heraus, klopfen ihr den Schnee ab und beruhigen sie. Ist ja noch mal gutgegangen, der Spuk ist vorbei. Nach vielem Hin und Her wenden sie den Schlitten und fahren zurück.
Fünf Tage später steht der Vorfall in der Zeitung: »Tapferer echter deutscher Hitlerjunge hält durchgehende Pferde auf«.
Mein Bruder platzt fast vor Wut: »Wieso denn Hitlerjunge? Die Kerle haben überhaupt keine Ahnung!«
Zwischen Weihnachten und Neujahr sitzen wir alle abends im Wohnzimmer, spielen begeistert »Denk-fix«. Mutter hat neue Kerzen am Weihnachtsbaum aufgesteckt und angezündet. Es riecht nach Honig und Tannenduft. Nach der langen Skitour heute fühlen wir uns zu Hause im Warmen in unseren Trainingsanzügen und den bequemen »Socken« pudelwohl. So nennt man hier die Hausschuhe, die alle tragen: Schwarze halbhohe Filzstiefel. Vorn eine Lackkappe, oben ein Fellrand, der Verschluß besteht aus drei kleinen Metall-Leitern, durch die man Schnallen zieht und umkippt, je nachdem, wie eng man das haben will.
Plötzlich legt mein Bruder seine Fragekarten aus der Hand und sagt: »Wißt ihr, was das schönste an unserem Schwarzenberg-Ausflug war?«

Wir sehen ihn alle gespannt an. Ich denke, oh Gott, jetzt kommt es! Aber er macht ein ganz unschuldiges Gesicht und meint: »Wie das Öhmchen im Straßengraben gesessen hat ...«
Einen Moment sind wir verdutzt, gucken unsicher das Öhmchen an. Die antwortet mit einem Achselzucken, scheinbar tief beleidigt: »Na, wenn man wenigstens zu etwas nütze ist ...« Da ist der Bann gebrochen. Wir lachen, lachen, bis uns die Tränen kommen.
Ich liebe unser Erzgebirge, ich liebe Mutter und Öhmchen. Ich bin stolz auf meinen mutigen, verrückten, draufgängerischen Bruder, auch wenn ich ihn manchmal überhaupt nicht leiden kann.

15. Der Umzug

Wenn Mutter ruft: »Kommt sofort her!« dann gibt es eine Standpauke, weil wir wieder etwas ausgefressen haben. Sagt Mutter aber: »Also Kinder, bitte kommt mal her«, dann steckt irgendwas Wichtiges dahinter.

Mein Bruder fragt gleich: »Willst du jetzt etwa den Onkel Fritz heiraten?«

Und Mutter antwortet ziemlich ernst: »Ihr wißt, daß ich mich sehr gut mit ihm verstehe. Aber glaubt ihr nicht, daß sich Onkel Fritz auch überlegen muß, ob er unsere Familie heiraten möchte? Schließlich kriegt er da zwei ...«

»Ja«, knurrt mein Bruder, »zwei Sargnägel, gratis und franko, pipapo ...!«

»Vielleicht«, mische ich mich laut ein, »kann uns der Onkel Fritz gar nicht heiraten, weil er selbst noch verheiratet ist und einen kleinen Sohn hat.«

Mutter ist perplex, mein Bruder macht Räderaugen. Wie aus einem Munde rufen beide: »Woher weißt du denn das?«

Ich tue furchtbar überlegen und erwidere herablassend: »Eine aus meiner Klasse wohnt im Nebenhaus von Steins auf der Schubertstraße, und die hat mir das schon lange erzählt!«

Nach einer Weile holt Mutter tief Luft: »Na gut, jetzt wißt ihr das also. Zu eurer Information: seit einem Jahr läuft die Scheidung. Wenn alles ausgestanden ist, können wir uns weiter darüber unterhalten. Abgemacht?« Wir nicken.

»Aber deshalb wollte ich eigentlich gar nicht mit euch reden.« Jetzt kriegen wir lange Ohren. Da ist also noch was im Busch.
Mutter holt noch einmal tief Luft: »Ich habe mich entschlossen ...«, wir stehen vor Spannung auf, »... daß wir umziehen ...«, wir setzen uns enttäuscht wieder hin.
Plötzlich kriege ich Angst: »Das kommt bestimmt von dem siebenarmigen Leuchter auf unserem Flügel.«
»Aber nein«, beruhigt mich Mutter sofort.
»Nun hört doch mal ruhig zu!« Und dann wird Mutter sehr ernst. Sie spricht leise und fast beschwörend, daß wir die Luft anhalten: »Kinder«, sagt sie, »was sich 1938 in Deutschland abgespielt hat, ist gefährlich! Der Einmarsch in Österreich, die Sudetenkrise, die Besetzung der Tschechei – das alles läuft auf einen Krieg hinaus! Ich habe einen Weltkrieg mitgemacht und weiß, was das bedeutet. Ihr müßt mir vertrauen: Es ist das beste für uns, aus der Stadt wegzuziehen. In einem Vorort habe ich ein Haus mit einem großen Garten gefunden. Da können wir selbst alles anpflanzen, was wir brauchen, wenn Notzeiten kommen. Und die kommen bestimmt! Das ist natürlich für uns alle ein gewaltige Umstellung. Ihr müßt die Schulen wechseln, das heißt: weg von den Blasewitzer Gymnasien auf die andere Elbseite nach Neustadt, weil das dann näher ist. Und ihr müßt euch neue Freunde suchen. Mit dem Zug sind es nur 15 Minuten bis Dresden, und die Straßenbahn fährt auch. Und nun noch eine gute Nachricht: Unten im Prießnitzgrund, mitten im Wald, ist ein herrliches Schwimmbad mit zwei großen Becken.«
Das mit dem Schwimmbad sagt Mutter nur, um uns zu beruhigen. Das ist der Zuckerguß um die bittere Pille. Wir sind wie vor den Kopf geschlagen. Endlich sagt mein Bruder leise, aber trotzdem sehr deutlich: »Scheiße!«

Jetzt hält es mich nicht länger. Ich springe mit einem Ruck auf, daß Mutter und mein Bruder richtig erschrecken: »Daß vieles anders geworden ist, weiß ich längst. Meine Freundin Dorle redet schon lange nicht mehr mit mir. Immer steht sie bei den andern, tuschelt und will nichts mehr von mir wissen. Und könnt ihr erraten, warum? Ihr Vater ist Blockwart, und sie ist in der Hitlerjugend. Neulich hat sie vor der ganzen Klasse eine ganz miese Bemerkung über Mutter und unseren Herrn Rühle gemacht. Jetzt weiß ich auch, daß ihr Vater die hundsgemeinen Briefe geschrieben hat. Einmal ist sie dicht an mir vorbeigegangen und hat leise gesagt: ›Du hast mich mit dem Fräulein Käferstein in eine schlimme Sache hineingezogen. Aber warte nur, die dreckige Alte kriegen wir auch noch!‹ Immer, wenn wir mit Sammelbüchsen oder Listen für das Winterhilfswerk Geld sammeln müssen, bringt Dorle über 100 Mark zusammen. Aber sie geht gar nicht auf die Straßen. Sie bekommt das Geld einfach von ihrem Vater, ihrer Großmutter und der ganzen Verwandtschaft. Dafür erhält sie eine Eins im Betragen, und der Lehrer sagt, sie ist ein echtes deutsches Mädel. Ich bin so lange rumgelaufen, und wißt ihr, wieviel Geld ich hatte? 8 Mark und 75 Pfennig! Da hat die Dorle zum Lehrer gesagt, daß ich alles in die eigene Tasche stecke. Ich mußte sogar zum Direx!«
Ich kann vor Aufregung kaum weiterreden und schreie: »Ihr habt immer gedacht, Dorle ist meine beste Freundin! Pustekuchen! Verdammt noch mal!«
Mutter ist entsetzt: »Aber warum hast du denn nie was zu Hause erzählt?«
»Ich hatte mich geschämt, weil ich dachte, ihr meint, das wäre bloß blöder Mädchenkram! Und außerdem mußtest du ja dauernd was mit dem lieben Onkel Fritz besprechen. Du hattest überhaupt keine Zeit für mich.«

»Nee«, sagt mein Bruder schließlich, steht auf und marschiert im Zimmer herum, »daß du zu mir kein Vertrauen hattest, das finde ich am schlimmsten an der Sache.«
Trotzdem bin ich erleichtert, daß ich alles rausschreien kann. Auch wenn es genau im falschen Moment kommt. Gerade jetzt, wo Mutter Wichtiges mit uns besprechen möchte. Aber das war die ganze Zeit wie eine Wunde, die jemand viel zu schnell verbunden hat, die ich nun allein mit Wasserstoffsuperoxyd ausgeschäumt habe, damit endlich der ganze Dreck rauskommt. Auch, wenn es wehtut.
»Dann wäre es für dich doch gar nicht so schlimm, wenn wir umziehen«, meint Mutter nach einer Weile beruhigend und nimmt mich in den Arm. Aber nun brennt bei mir die letzte Sicherung durch: »Doch«, rufe ich, völlig außer mir, »weil ich eben erst eine neue Freundin gefunden habe, auf die ich mich fest verlassen kann!«
»Das wird ja immer schöner«, sagt mein Bruder, bleibt vor mir stehen und schiebt langsam die Hände in die Hosentaschen, »nur weiter, wir sind gespannt, was nun noch kommt!«
Da drücke ich meinen Schleusendeckel ganz auf und rede mir den Rest von der Seele: »Ihr kennt doch das Millionenhaus am Ende der Straße, das aussieht wie ein Märchenschloß. An der Eingangstür sind lauter Glasscheiben mit bunten Bildern drauf. Ringsherum gibt es viele Ranken mit Blumen an den Simsen. Mitten im Haus ist ein runder, lichter Platz mit einem Springbrunnen. Da kann man hoch hinaufschauen bis zum Glasdach. Wenn die Sonne scheint, ist das richtig verzaubert. Die Treppen laufen rundum im Kreis. Im 2. Stock wohnt meine neue Freundin, die Christa Oeser. Die hat auch keinen Vater mehr, der ist letztes Jahr gestorben. Mit ihr kann ich wirklich über alles reden, die ist nämlich nicht in der Hitlerjugend. Ihr Bruder macht

nächstes Jahr Abitur und hat in seinem Zimmer so eine Maschine mit einer Kurbel. Wenn er die dreht, fliegen hinten lauter Zettel raus. Da steht was gegen Hitler drauf!«

»Moment mal«, mischt sich plötzlich mein Bruder ein, »Oeser – na klar. Genau diese Zettel holt dann der Bruder vom Pianisten Kunath dort ab. Anschließend brausen wir mit dem Motorrad los und verteilen sie. Oesers sind in Ordnung – prima Leute!«

»Ja, und um das Fräulein Käferstein werden sie sich auch kümmern!« rufe ich dazwischen.

Mutter fällt aus allen Wolken. Sie ist vollkommen überrumpelt. »Nun rege dich bloß nicht auf«, versucht mein Bruder sie zu beruhigen, »das ist alles geheim, da brauchst du dir keine Sorgen zu machen. Die Hauptsache ist, daß wir alle zusammenhalten, stimmt's?«

»Kinder, Kinder«, seufzt Mutter schließlich, »wo sind wir nur hingekommen!«

Und so, wie sie das sagt, und so, wie sie dabei aussieht, meint Mutter nicht nur unser Haus, unsere Straße, unsere Stadt, unser Land, sondern die ganze Welt.

Dann sagen wir eine Weile kein Wort mehr. Jeder von uns hat seine eigenen Gedanken.

Plötzlich steht Mutter auf, läuft energisch zwischen ihrem Sessel und dem Schreibtisch hin und her und bleibt schließlich in der Mitte des Zimmers stehen: »Morgen fahren wir alle nach Klotzsche und sehen das Haus an. Nach allem, was ihr mir erzählt habt, steht mein Entschluß fest: Ich kaufe das Haus, wir siedeln um. Damit basta!«

Wenn Mutter basta sagt, ist das unwiderruflich!

Am nächsten Tag ziehen wir los. Mutter, wir, unsere Herta und der unvermeidliche Onkel Fritz mit seiner unvermeidlichen Aktentasche. Das wird ein richtiger Ausflug: mit dem Bus zum Schillerplatz, zweimal umsteigen mit der

Straßenbahn, eine Viertelstunde Fußweg. Dann stehen wir vor der Nummer 29 in der Mozartstraße, dem einzigen Doppelhaus auf der ganzen Villenstraße. Mutter zeigt auf die rechte Hälfte. Wir sind grenzenlos enttäuscht! Das popelige Haus soll es sein?

Mutter sagt: »Von außen bescheiden, von innen ganz groß.« Sie klingelt. Ein älteres Ehepaar öffnet und führt uns durch das ganze Haus, vom Keller bis zum Spitzboden. Wir sind die großen, hohen Zimmer in unserer Dresdner Wohnung gewöhnt. Hier gibt es viele kleine Räume, zum Teil dunkelrot oder dunkelblau tapeziert, mit Möbeln bis an die Halskrause vollgestopft. Nur an einem Schlafzimmer oben ist ein Balkon, von dem man hinten in den Garten blicken kann. Der ist mit hohen Birken so zugewachsen, daß man gar nicht sieht, wo er aufhört. Eine Katastrophe, wir sind entsetzt! Mein Bruder sagt sehr vernehmlich: »Ganz große Scheiße!«

Daraufhin werden wir sofort in den Garten zum Spielen geschickt. Was hat sich Mutter da bloß einfallen lassen? Daß sie einiges fertigbringt, ist uns nicht neu. Schließlich hat sie auch erreicht, daß sich der unvermeidliche Onkel Fritz endlich seinen blöden Schnauzbart abrasiert hat und nicht mehr so doof wie »Heil Hitler« aussieht! Aber daß wir hierher umziehen sollen, das ist wirklich der Höhepunkt!

Wir streuseln gelangweilt durch den Garten und turnen an der Klopfstange. Da entdecken wir den gemauerten Brunnen mit der grünen Pumpe. Den probieren wir sofort aus. Wir hängen die Blechschiene ein, die zum Faß führt – und los geht's! Wir zählen jeden Pumpenschlag und wechseln uns ab. Genau bei 129 läuft das Faß über. Prima, das hat richtig Spaß gemacht!

Hinten im Garten sind breite Gemüsebeete, voll von Un-

kraut. An der Seite steht ein Gartenhaus. Das wird natürlich gleich inspiziert. Obwohl viele Gerätschaften und sogar ein Leiterwagen darinstehen, ist es sehr geräumig.
»Na bitte«, sagt mein Bruder, »da paßt doch mein Fahrrad noch sehr gut rein! Endlich wäre ich die blöde Schlepperei in den Keller los!« Nebenan ist ein weites, unbebautes, wildbewachsenes Grundstück. Wir notieren im Geist sofort den mächtigen Kirschbaum, der dicht an unserem Garten steht.
Wir gehen nochmal zum Gartenhaus zurück, und mein Bruder meint: »Hier hinten könnte man einen Kaninchenstall anbauen – was meinst du dazu?«
»Ja, wo kriegen wir denn die Kaninchen her?«
»Das laß mal meine Sorge sein!«
»Meinst du, daß wir nun endlich einen Hund bekommen?«
»Wenn's weiter nichts ist – den besorge ich auch«, antwortet mein Bruder mit größter Selbstverständlichkeit.
Langsam gefällt uns die Sache. Wenn nur das blöde Haus nicht wäre!
Dann erkunden wir die Umgebung. Das nächste Haus auf der Villenstraße, bevor sie in eine Seitenstraße mündet, ist ein Geschäft. Das einzige weit und breit. Das weckt natürlich sofort unser Interesse. »Frieda David – Delikatessen« – steht über der Eingangstür, zu der einige Stufen hochführen.
Wir flitzen sofort zurück. Mein Bruder bleibt draußen am Eingangstor, ich gehe ins Haus. Dann unterhalten wir uns so laut wie möglich durch die Sprechanlage: »Hallo, hallo, ich habe dich nicht verstanden, bitte wiederholen!« Mit Erfolg! Mutter kommt aus dem Wohnzimmer, wo sie mit dem älteren Ehepaar eine Besprechung hat. Sie ist ziemlich wütend, daß wir so einen Krach machen. Ich tue schuldbewußt: »Wenn du uns einen Groschen gibst, hau-

en wir wieder ab. Nebenan ist nämlich ein Laden!« Und Mutter gibt mir die zehn Pfennig – um des lieben Friedens willen.
Wir stürmen auf der Stelle wieder zu Frieda David. Donnerwetter, ist das ein Geschäft! Da gibt es einfach alles. Wir gucken uns sämtliche Regale an. Frieda David hat nicht nur die herrlichsten Wurst- und Käsesorten. Nein, sie hat auch vier verschiedene Arten von Ölsardinen. Ohne Haut und Gräten. Das bedeutet, ohne die silbernen Schwimmblasen – seelenlos! Juchhu! Und die sind nur fünf Pfennig teurer als die, die Mutter sonst kauft.
Frieda David ist ein Monument! So breit, so lang wie hoch. Ihre weiße Schürze geht hinten gerade mit einem winzigen Knoten zu. Sie hat merkwürdigerweise ganz dünne Beine und Schuhe höchstens Größe 35. Öhmchen würde sagen: So was kann man ungespitzt in den Boden schlagen!
Frieda strahlt wie ein Honigkuchenpferd vor Freundlichkeit. Wir legen unseren Groschen auf den Ladentisch. Wir wissen gar nicht, was wir uns von all den Herrlichkeiten aussuchen sollen. Aber Frieda wäre nicht Frieda David, wenn sie die Situation nicht völlig im Griff hätte. Während sie uns regelrecht »bedient«, fragt sie uns geschickt aus. Sie breitet viele Fünf- und Zehn-Pfennig-Spezialitäten vor uns aus und weiß schließlich nach kurzer Zeit alles: Wo wir herkommen, wie wir heißen, wo wir zur Schule gehen, wie alt wir sind, welche Religion wir haben, daß unser Vater tot ist und daß wir nebenan einziehen werden. Wir rücken beglückt mit einer Lakritzrolle, einem Nappo und einer Tüte Weingummi ab, die sie uns geschenkt hat. Von Onkel Fritz, seiner Scheidung und dem ganzen Kram haben wir ihr nichts erzählt, das soll sie mal selber rauskriegen! Wir trennen uns in bestem Einver-

nehmenm, und sie erklärt uns, daß es um die Querstraße herum noch einen Bäcker und gegenüber einen Fleischer gibt. Das prüfen wir sofort nach.
Wir schlendern zum Haus zurück, wo Mutter, Herta und der unvermeidliche Onkel Fritz schon ungeduldig auf uns warten. Mutter will nach Hause. Sie hat noch eine Menge mit uns zu besprechen. Unterwegs fragt Mutter: »Was meint ihr zu der ganzen Aktion?«
Wir reden wie ein Wasserfall: »Also, der Garten ist prima, das Gartenhaus, die Pumpe – und dann bauen wir Kaninchenställe – und dann kriegen wir endlich einen Hund – dem bringen wir Kunststücke bei, daß die Heide raucht! Und Frieda David, und hast du gesehen, daß man da gleich weit in die Felder und Wiesen rauslaufen kann?«
»Was meint ihr, weshalb ich mich für das Grundstück entschieden habe?« antwortet Mutter.
»Aber das Haus ist großer Mist«, mault mein Bruder.
»Abwarten, nur mit der Ruhe, darüber reden wir nach dem Abendessen«, entscheidet Mutter.
Unsere Herta räumt den Tisch ab. Anschließend heißt es: Familienrat! Mutter breitet den Bauplan des Hauses aus.
»Was ihr heute gesehen habt, war die Wohnung von alten Leuten, fürchterlich tapeziert und ungepflegt. Jetzt will ich euch mal zeigen, was man aus dem Haus machen kann: Den Wintergarten lasse ich durchbrechen und hinten eine große Terrasse aufschütten. Darunter kommt ein schöner Steingarten. Ein Teil der vielen Birken wird abgeschlagen, damit wir mehr Licht haben. Die Glastüren zwischen Eß- und Wohnzimmer hänge ich aus, das ergibt ein völlig anderes Bild! Und jetzt rückt mal ran und seht euch das an.«
Der unvermeidliche Onkel Fritz holt seine unvermeidliche Aktentasche, zieht einen Umschlag heraus und schüttet den Inhalt auf den Tisch. Da kommen lauter Milli-

meterpapierstückchen zum Vorschein, alle mit winzigkleinen Nummern beschriftet, das reinste Augenpulver. Der Onkel Fritz kriegt seine Briefmarkensammlerpinzette her. Damit faßt er die Schnipselchen, guckt auf seiner Liste nach – und dann geht's los: Das sind unsere ganzen Möbel, genau ausgemessen. Wir richten das Haus ein. Ein interessantes Gesellschaftsspiel. Dagegen ist »Schiffe versenken« kalter Kaffee!
Schließlich erfahren wir, daß Onkel Fritz wirklich unvermeidlich ist: Er zieht zu uns ins neue Haus. Mutter erklärt, daß er seine Wohnung aufgibt und seinen Teil zum Haushalt beiträgt. Er bekommt im ersten Stock ein Studierzimmer und schläft ganz oben im Zimmer neben unserer Herta. Ich darf bei Mutter im Schlafzimmer bleiben. Dagegen kann man nichts sagen.
Mutter sagt klipp und klar, daß sie jetzt jemanden braucht, der ihr bei den vielen Ausgaben, der ganzen Rechnerei und sämtlichen Überlegungen hilft. Das sehen wir sofort ein. Endlich haben wir alle Zimmer »eingerichtet«. Trotzdem bleiben zwei Millimeter-Papierchen zurück. Die schiebt Onkel Fritz verlegen in den Umschlag. Wir wollen natürlich sofort wissen, was das ist. Sein großes Körting-Radio und sein Bild »Männer im Sturm« von Barlach – die einzigen Dinge (außer seinen Büchern und der Rechenmaschine), die er ins neue Haus mitbringen will.
Mein Bruder zwinkert Mutter zu und läßt den Flegel raus: »Und wohin mit dem alten Krempel?«
Da sagt unsere Herta, die sich selten zu Wort meldet: »Der Körting kommt auf den Spitzboden, und den Barlach hängen wir in die Waschküche!«
Das entsetzte Gesicht von Onkel Fritz ist einmalig. Das war der Witz des Tages!
Inzwischen ist es spät geworden. Trotzdem lassen wir nicht

locker: Ein paar Dinge möchten wir doch noch klären. Klavierstunden? Schon mit Fräulein Bernhard besprochen, sie kommt dann hierher. Dresdner Freunde? Können uns jederzeit besuchen, auch übernachten. Ein Hund? Warum denn nicht. Kaninchen? Nun mal langsam! Laubsägekram? Hat im Heizkeller Platz, wir können Werkbank und Hängeschränke übernehmen. Das war's. Endlich sind wir zufrieden!
Aber da bleibt trotzdem noch eine schwierige Frage offen. Wo hat Mutter denn auf einmal das viele Geld her? Mutter scheint auf diese Frage gewartet zu haben und sieht Onkel Fritz an. Der erklärt: »Das ist das Erbteil eures verstorbenen Vaters, das eure Mutter für euch verwaltet hat. Ihr könnt stolz auf sie sein. Heutzutage ist ein Haus mehr wert als ein Bankkonto!«
Ich habe Mutter und Onkel Fritz heimlich beobachtet: Sie streiten sich nie, weil Mutter eben das Oberhaupt der Familie ist. Ich dachte immer, wenn sie nachts im Wohnzimmer zusammensitzen, dann küssen sie sich vielleicht. Quatsch! Sie haben sich alles genau überlegt. Darüber muß ich mit meinem Bruder reden. Doch der rollt sich in seine Bettdecke ein und knurrt: »Hau ab, ich bin müde, laß mich in Frieden!«
Aber ich schüttle ihn, und da sagt er schließlich: »Wenn du es genau wissen willst – ich freue mich auf unsere neue Heimat«, dreht sich um und zieht sich sein Kissen über den Kopf.
In dieser Nacht kann ich lange nicht einschlafen. Ich träume von Onkel Fritz, der Mutter in lauter Millimeterpapierchen zerlegt, alles mit der Rechenmaschine austüftelt und sie schließlich wieder zusammensetzt. Und Mutter sagt, das hat gar nicht wehgetan.

16. Die neue Heimat

Mutter ist ein Organisationstalent. Sie ist Innenarchitektin und Gartengestalterin in einer Person und macht ihrer sprichwörtlichen Energie alle Ehre. Sie weiß genau, was sie will. Von einem bitterbösen Brief der Geheimrat-Großmutter läßt sie sich nicht aus der Ruhe bringen. Die meint, Mutter hätte das Erbgeld unseres verstorbenen Vaters zum Fenster hinausgeschmissen, weil sie das Haus für uns gekauft hat. Mutter heftet den Brief einfach hinter den Kaufvertrag, damit hat sich's.
Während wir in der Schule sind, beaufsichtigt sie alle Umbauten und Renovierungen am Haus. Das beste daran ist, daß sie abends nicht etwa erschöpft in einen Sessel sinkt, sondern uns mit leuchtenden Augen erzählt, wie alles vorangeht. Ende August ist es geschafft: 18 Birken sind gefällt, die Wand vom Wintergarten herausgebrochen, davor eine große Terrasse aufgeschüttet, die in einen wunderschön angelegten Steingarten führt. Alle Zimmer sind weiß und hell, wie Mutter es versprochen hat. Das Haus ist nicht mehr wiederzuerkennen!
Ein paar Tage später fahren die »Dresdner Hofchaisenträger« mit dem Möbelwagen vor und verteilen die Möbel genau nach Plan. Das ist das erste Mal, daß wir Mutter in Panik erleben. Sie versteckt sich im Keller, weil die Träger den Flügel nicht um die Ecke bekommen, ihn mit abgeschraubten Füßen über die Eingangsmauer emporstemmen und kippen.

Als wir uns nach der anstrengenden Prozedur zum ersten Abendessen zusammensetzen, ist laut Onkel Fritzens Körting-Radio der Krieg ausgebrochen! Polenfeldzug – zwei Tage später – Kriegserklärung Frankreich – England! Mutter und Onkel Fritz machen besorgte Gesichter. Er spricht vom Weltkrieg, den er, genau wie unser Vater, mitgemacht hat, erzählt von Verdun, der Somme und den Gasangriffen.

Wir können uns das überhaupt nicht vorstellen. Krieg, na und? Was haben wir in unserem schönen, neuen Haus damit zu tun? Wir wissen nur, daß in einigen Tagen die Ferien zu Ende gehen und für uns ein neuer Abschnitt beginnt.

Zugfahren, toll! An unseren Taschen hängen nun Ledertuis mit grünen Monatskarten: Kostenpunkt 2 Mark und 5 Pfennig, Geschwisterermäßigung für die 2. Klasse.

Mutter hat alle neuen Schulbücher in buntes Papier eingeschlagen. Wir sind gerüstet.

Der 1. Schultag: Unsere Herta ist zeitig aufgestanden, weckt die Familie überpünktlich. Sie hat für uns und Onkel Fritz die Pausenbrote in Brotkapseln fertiggemacht. Los geht die Reise! Wir fahren nach Dresden-Neustadt und tippeln quer über den Albertplatz zu unseren neuen Oberschulen. Nur Onkel Fritz fährt mit der Straßenbahn noch weiter zu seinem Gymnasium.

Neue Gesichter, neue Lehrer – scheußlich, aber aufregend. Ich spüre sofort: Hier pfeift es aus einem völlig anderen Loch! Der neue Lehrer nennt meinen Namen, blättert in einer Akte ... »Na, gesund scheint sie ja zu sein, obwohl ...« Und nun hebt er den Kopf zur Klasse, die ein einziges Ohr ist, »... der Vater an Tuberkulose starb!« Meine Nachbarin rückt automatisch ein Stück von mir weg. Dann liest er meine Zensuren vor, verharrt bei meiner schlechteren

Mathe-Note. Er vertieft sich weiter in den Ordner: »Und was haben wir denn hier? Den Ahnenpaß.« Er nickt bedächtig und fragt mich unvermittelt, welcher HJ-Gruppe ich angehöre. Weil ich darauf nicht antworten kann, muß ich sofort in die Kanzlei. Ich fühle mich scheußlich und nackt. Ich möchte am liebsten nach Hause.
Die Sekretärin merkt, wie verstört ich bin und daß mir die Tränen kommen. Sie ist sehr nett und versucht, mich zu trösten. Sie erklärt mir die »neuen Richtlinien«. Jetzt begreife ich, warum wir aufs Gesundheitsamt mußten und warum Mutter zwei Stammbäume für uns ausgefüllt hat. Dann sagt sie, ich solle mir keine Gedanken machen, dieser Lehrer hätte nur die »Vertretung«, nächste Woche wäre wieder unser richtiger Klassenlehrer Dr. Worm da, und der sei prima. Wenigstens ein Lichtblick!
Sie füllt ein Formular aus, sieht in einer Liste nach, schreibt mir auf einen Zettel, wo ich mich zum HJ-Dienst zu melden habe. »Das ist nun mal nicht zu ändern«, meint sie. Das klingt fast wie eine Entschuldigung. Als ein Lehrer die Kanzlei betritt, sagt sie laut »Heil Hitler« und setzt sich schnell wieder auf ihren Platz. Meinem Bruder ist es ähnlich ergangen. Auch er hat einen »Beitritt« versetzt bekommen und muß sich bei der Flieger-HJ melden! Wir kommen sehr bedrückt nach Hause, uns ist die Suppe versalzen, weil man einfach über uns verfügt – aber was hilft's!
Langsam wird alles fertig im neuen Haus. Mutter näht die letzten Gardinen, Koks und Briketts werden für den Winter eingelagert. Bei dem schönen Herbstwetter arbeiten Mutter und Onkel Fritz fleißig im Garten.
Wir haben plötzlich nicht mehr viel Zeit für uns. In einigen Fächern müssen wir nachlernen, weil die neuen Schulen weiter sind. Mutter und Onkel Fritz sitzen noch nach dem Abendessen mit uns über Schularbeiten. Durch die

Zugfahrerei heißt es, zeitiger aufzustehen. Mittags kommen wir erst spät heim. Fräulein Bernhard erscheint pünktlich zur Klavierstunde, zweimal in der Woche ist HJ-Dienst, außerdem muß ich, seitdem ich zwölf Jahre alt geworden bin, zum Konfirmandenunterricht.
So kommt das erste Weihnachtsfest im neuen Haus. Wir fahren diesmal nicht ins Erzgebirge. Wir sind enttäuscht und maulen, besonders, weil es dieses Jahr so viel Schnee gibt.
Aber dann erkunden wir die Gegend im Prießnitzgrund und der Heide, finden am O-Weg, dem Tod-Weg und bei der großen Schlittenbahn ein ausgezeichnetes Gelände. Beim Übergang über die Eisenbahn schnallen wir die Skier nicht ab. Wir schieben die Bretter zwischen die Treppe und staksen so Stufe für Stufe hoch, fahren über die Brükke und auf der anderen Seite mit Karacho die Stiege hinunter. Das soll uns mal einer nachmachen! Den »Nachttopf«, eine tiefe Delle, über die man in Schußfahrt weit hinausfliegt, nehmen wir Erzgebirgskinder natürlich mit Bravour! Den langen, steilen O-Weg bewältigen wir von ganz oben. Die meisten steigen nur bis zur Mitte hinauf. Bahnefrei – Kartoffelbrei! Nur einmal klappt das nicht. Das werde ich meinem Bruder nie verzeihen, dem gemeinen Kerl!
Am obersten Ende des Weges packt mich ein menschliches Rühren. Weil wir ganz allein sind, stecke ich die Stöcke in den Schnee, knöpfe meine Skihose auf, gehe in die Hocke und mache, was ich muß. Ich bin noch nicht fertig, da erhalte ich einen groben Stoß in den Rücken. Ich rase in Schußfahrt, mit Hängehose, nacktem Po und ohne Stöcke den steilen Hang hinunter! Unten steht eine ganze Familie quer, und mir bleibt in letzter Sekunde nur noch die nackte Hinterbremse. Alles brüllt vor Lachen.

Mein Bruder kommt mitten durch den Wald gebraust. Alle finden ihn tollkühn, klatschen Beifall. Das ist eben ein echter deutscher Junge! Grinsend überreicht er mir meine Skistöcke. Ich könnte vor Wut zerplatzen! Als mir ein älterer Junge, den ich bis jetzt ganz nett fand, auch noch »Hallo, Fräulein Nackt-arsch!« zuruft, ist es mit meiner Fassung vorbei. Ich sehe rot!

Zu Hause gibt es eine Mordsprügelei. Wie kann ein Junge, der der Kavalier seiner Schwester sein sollte, so hundsgemein sein?

Mutter hält sich bei unseren Ausdrücken die Ohren zu, dann zieht sie die Familienbremse und wendet System Nr. 2 an (für Fortgeschrittene): Sie steckt uns nacheinander in die heiße Badewanne. Hinterher sind wir ziemlich müde und wesentlich entspannter. Die Schimpfworte, die dann noch kleckerweise fallen, sind zu verkraften.

Mit dem Bad im Prießnitzgrund hat uns Mutter nicht zu viel versprochen. Eine 50-Meter-Bahn mit Startblöcken und einem 5-Meter-Turm, daneben ein 30-Meter-Becken und großzügige Anlagen mitten im Wald mit vielen Sportmöglichkeiten.

In allen Zügen, allen Straßenbahnen sind jetzt Soldaten. Ins Schwimmbad kommen sie in ganzen Trupps mit ihren Offizieren und Unteroffizieren von der Luftkriegsschule in Klotzsche. Wir beobachten, wie sie einen Soldaten, der sich verzweifelt wehrt, weil er nicht schwimmen kann, oben auf dem 5-Meter-Turm auf einen Gartenstuhl setzen. Unten stehen viele Leute, machen Scherze und lachen, als man ihn hin und her wippt und reinschmeißt. Da er nicht wieder auftaucht, fischen ihn zwei Soldaten heraus. Er blutet stark am Kopf, sein Hals ist merkwürdig verdreht. Ein Sanitätswagen kommt und holt ihn ab. Wir sitzen im »Flachen« und beobachten alles.

Die Offiziere verschwinden in ihren Kabinen. Wir laufen los, drehen die Schlüssel um und werfen sie im Wald weg. Es gibt einen Auflauf: Die können nicht raus, donnern an die Türen, einer bricht mit einem Bügel seine Tür auf. Wir flitzen nach Hause.
Am nächsten Tag steht in der Zeitung, daß es im Schwimmbad einen bedauerlichen Unfall gegeben hat. Ein Soldat sei aus unerklärlichen Gründen leider ertrunken!
Mein Bruder schließt sich in seinem Zimmer ein und kommt nicht zum Essen. Ich klopfe, er brüllt: »Es lebe der Krieg!«
Ich setze mich vor seine Tür und begreife plötzlich, daß dieser Krieg auch bei uns stattfindet, daß dieser Soldat vor unseren Augen für Führer und Vaterland »gefallen« ist. Ich bin sehr traurig. Beim Gutenachtsagen bitte ich meine Mutter, uns nicht wieder »Sargnägel« zu nennen. Sargnägel braucht man jetzt für die vielen toten Soldaten, und ich finde, daß das doch wirklich nichts mehr mit uns zu tun hat, auch wenn es ein Würzburger Ausdruck ist.
Haben wir im Frühling mit Mutter begeistert zugesehen, wie Schneeglöckchen, Leberblümchen, Szilla, Märzenbecher, bunte Tulpen und Narzissen aus der Erde gekrochen sind, so ist doch der Sommer eine Offenbarung. Mutter ist nicht böse, wenn wir uns Erdbeeren holen und Zuckererbsen stibitzen – alles wächst reichlich: Beerensträucher, Salat, Gemüse und, Mutters ganzer Stolz, die Kräuterecke. Marmeladen und Eingewecktes füllen die Kellerregale. Wir sind Selbstversorger. Uns macht es nichts aus, noch im Abenddämmerschein Wasser aus dem Brunnen zu pumpen und Gießkannen zu schleppen, uns geht es gut!
Wenn nur der blöde HJ-Dienst nicht wäre! Pünktliches Erscheinen ist Pflicht, Dienstkleidung gehört zur Diszi-

plin, Meldung erstatten wird kriegswichtig! Wir sind keine Mädchen mehr, sondern Jungmädel. Ich brauche nun auch eine weiße Bluse und einen dunkelblauen Rock. Halstuch und Knoten bekomme ich erst, wenn ich mich »bewährt« habe. Die Scharführerin kann ich überhaupt nicht leiden, weil sie uns dauernd schikaniert. Sie ist 20 Jahre alt, trägt einen blonden Knoten, hat ein goldenes Parteiabzeichen, und über ihrer dicken Brust baumelt eine grüne Schnur mit Pfeife, die sie dauernd benutzt. Sie läßt ihre hauptamtliche Macht so richtig an uns aus.
Unser Dienstraum ist im neuen Wasserturm in Alt-Klotzsche. Jedesmal das gleiche Ritual: Sie entrollt unseren Wimpel, der an einem Speer festgemacht ist, und stellt ihn in die Ecke. Dazu müssen wir laut »Heil Hitler« rufen. Dann macht sie sich Notizen, wer da ist, wer keine »Kluft« anhat und wer keine weißen Söckchen trägt. Sie hat einen richtigen Klaps mit ihren dämlichen weißen Söckchen. Die müssen wir auch anziehen, wenn es kalt ist. Ich weiß nicht, was weiße Söckchen mit dem Krieg zu tun haben.
Der Sohn unserer Nachbarin ist auf dem »Felde der Ehre« gefallen. Sie hat laut geschrien, als sie die Nachricht bekam, erzählt unsere Herta. An ihrem Kummer hat auch der Blockwart nichts geändert, der ihr begreiflich machen wollte, daß sie jetzt eine »Heldenmutter« wäre und stolz sein sollte, ihren Sohn für Führer und Vaterland geopfert zu haben. Sie hätte doch das silberne Mutterkreuz verliehen bekommen – und noch fünf andere Söhne. Aber die sind ja auch längst Soldaten. An Heldenmüttern sollen wir uns ein Beispiel nehmen, sagt die Scharführerin und erklärt uns den neuesten Erfolgs-Heeresbericht. Sie piekt Nadeln auf eine große Karte, die an der Wand hängt. Wer nicht ruhig ist, muß fünf Runden um den Wasserturm dre-

hen und hinterher laut rufen: »Gegen Frechheit und Anmaßung – für Achtung und Ehrfurcht vor dem unsterblichen deutschen Volksgeist!«
Anschließend liest sie uns besonders grausame Geschichten aus Krasnows »Vom Zarenadler zur roten Fahne« vor. Die Stelle, wo Kommunisten jemandem die Hände in kochendes Wasser stecken und hinterher die Haut abziehen, liebt sie besonders. Zwei Mädchen fangen an zu heulen. Die müssen nicht etwa fünf Runden drehen, nein, die müssen zur Strafe die ganze Geschichte abwechselnd nochmal vorlesen!
Schließlich zeigt sie uns Bilder. Es gibt scheinbar nur noch zwei Sorten von Menschen: Untermenschen – das sind Juden und Kommunisten, Volksschädlinge, die keine Existenzberechtigung haben – und germanische Herrenmenschen, die man rasserein erhalten muß.
Ich kann manchmal nicht einschlafen und erzähle Mutter alles. Sie ist entsetzt und sagt ihr energisches: »Jetzt genügt es aber!« Sie geht »dem Teufel vor die Schmiede«, mit anderen Worten, zum Blockwart, redet eine Weile mit ihm – und zwar sehr deutlich. Mutter hat Erfolg: Die Scharführerin wird zur Gruppenführerin befördert, wir kriegen eine neue Scharführerin, die mehr auf »Körperertüchtigung« aus ist. Sport mag ich gern, na Gott sei Dank!
Wir trainieren jetzt für die Reichsjugendsportwettkämpfe. Ich bekomme mein Jugendsportabzeichen, Mutter muß die Stoffbonbons auf Turnhose und Badeanzug neben das Fahrtenschwimmeremblem nähen.
Ausgetragen werden die Wettkämpfe im Prießnitzschwimmbad und den Sportanlagen der Klotzscher »Napola«. Das ist eine Art Gymnasium für Jungs mit Internat, die politisch erzogen werden. Aber wir kriegen die

Jungs kaum zu Gesicht, die leben in Uniform in ihren Häusern: Wiking, Gotland, Störtebeker usw., völlig abgeschlossen von uns, haben einen strengen Drill und sollen mal Deutschlands Elite sein.
Mein Bruder ist alles andere als zufrieden. In der Schule hat man ihm versprochen, daß er bei der Flieger-HJ einen Segelflugschein machen könnte. Und was ist? Seit Jahren steckt sein »Fähnlein« in den Theorievorbereitungen, das heißt: kleine Modelle herstellen. Mit der Laubsäge feine Streben aussägen und mit Pergament überkleben, irgendeinen komischen Leim anrühren, der überall festklebt und sehr schwer aus den Klamotten rauszubringen ist. Eine Art Bastelstunde, untermauert mit den üblichen Sprüchen von Disziplin, Pflicht, Gehorsam und Meldung-machen. Er demonstriert uns das auf seine rüde Art: Meldung heißt – und nun macht er den Bücherschrank auf, zieht von hinten Heines »Buch der Lieder« heraus, fuchtelt damit vor Mutters Nase herum und schreit: »Gegen Dekadenz und moralischen Verfall! Für Zucht und Sitte in Familie und Staat!«
Uns bleibt die Spucke weg, Mutter wird totenblaß. Mein Bruder steckt das Buch sorgfältig an seinen Platz zurück, setzt sich auf den Boden, guckt uns an und sagt: »Jetzt wißt ihr endlich, was die Schweine von uns verlangen: Wir sollen unsere Familien bespitzeln und anzeigen!«
Inzwischen ist noch etwas ganz anderes passiert. Das beginnt bei dem blöden Montag-Fahnenappell in der Schule. Alle Klassen müssen in einem offenen Karree antreten. Mädels mit Dienstkleidung kommen in die erste Reihe, damit es nach etwas aussieht. Ein Lehrer in Uniform brüllt die üblichen markigen Sprüche über den Schulhof, während die Fahne hochgezogen wird. Das gipfelt in den Worten: »Du deutsches Mädel, sei tapfer, treu und edel!«

Neben mir steht eine aus meiner neuen Klasse, und die flüstert mir zu: »Und quäle nie ein Tier zum Scherz, es fühlt genau wie du den Schmerz.«
Donnerwetter, denke ich, die ist richtig!
Dann singen wir das Horst-Wessel- und das Deutschlandlied. Wir müssen den rechten Arm hochhalten und ausstrecken. Das ist ziemlich anstrengend, weil der Gesang so lange dauert.
Das Mädchen heißt Ingeborg Neugebauer. Sie hat wunderbare blonde Haare und ist viel hübscher als ich. Ihr Vater ist Kunstmaler, und sie kann ganz toll zeichnen. Ich frage sie sofort, ob ich sie heute besuchen kann. Na klar! Schnell telefoniere ich mit Mutter und sage Bescheid. Neugebauers wohnen am Lindenauplatz, nicht weit vom Hauptbahnhof. Ich werde sofort nett in die Familie aufgenommen, kriege ein prima Mittagessen und verkrümele mich anschließend mit Ingeborg in ihr Zimmer.
Das ist ein besonderes Mädchen. Die kommt vielleicht auf Ideen! Ihren alten Kaufmannsladen hat sie zu einer richtigen Poststation umfunktioniert. Von ihrem Taschengeld hat sie sich alles besorgt, was man so braucht: Briefmarken, Paketkarten und Anhänger, Aufkleberadressen, kleine Kartons und Packpapier, Postkarten, Briefpapier, Überweisungsformulare usw. Die verkauft sie an die ganze Verwandt- und Bekanntschaft mit einem Aufschlag von zwei Pfennigen. Jeder ist froh, sich bei ihr bedienen zu können, wenn die Post geschlossen hat. Sie schreibt richtige kleine Theaterstücke für Handpuppen, die sie mit ihrer ältesten Schwester Alix aufführt, wenn sich die Künstlerfreunde bei Neugebauers treffen. Ihr Vater hat ein wunderbares Bühnenhäuschen mit fantastischen Dekorationen gebaut. Ich komme aus dem Staunen nicht heraus! Ingeborg hat genau wie ich ihren »Beitritt« zur HJ erhalten, ist aber in

einer Kulturgruppe gelandet, wo sie es nicht so schwer hat. In dieser Familie geht es genauso locker und offen zu wie bei uns. Beim Kaffeetrinken sprechen sie vom Maler Dix und zeigen mir einige Arbeiten, die sie aufbewahrt, besser gesagt – versteckt haben. Ich erzähle ihnen von Onkel Fritzens Barlach-Bild und auch vom Fräulein Käferstein, Dr. Rund und den anderen Freunden, die »umgezogen« sind, und finde offene Ohren. Dazu brauchen wir kein Körting-Radio – die Wellenlänge stimmt. Hurra, ich habe neue Freunde, die mich verstehen und die ich verstehe.

Aber damit ist der aufregende Tag noch nicht zu Ende! Nachdem ich mich von Neugebauers verabschiedet habe, fällt mir auf dem Weg zum Hauptbahnhof ein Straßenschild ins Auge: Strehlener Straße! Donnerschlag, denke ich – Strehlener Straße 5, das ist doch die Adresse von Onkel Fritzens Eltern. Ich schalte kurz, da gehst du jetzt hin und siehst dir die Leute einfach mal an.

Ich klingle, es wird geöffnet. Vor mir steht ein großer, weißhaariger Mann mit einem Apostelgesicht – wie man sich Matthäus, Markus oder Lukas vorstellt. Nur mit kariertem Hemd und grauer Strickweste. Dahinter taucht eine kleine kugelrunde Frau auf, die mich sehr an unsere gute Richtersche im Erzgebirge erinnert. Sie sind mir sofort sympathisch. Ich sage meinen Namen und: »Ihr Sohn wohnt jetzt bei uns, deshalb möchte ich Sie kennenlernen.« Nach einem Moment absoluten Schweigens lacht der alte Mann und sagt: »Na, dann komm mal rein.«

Ich betrete ein dämmriges, altmodisches Wohnzimmer, nehme auf dem rotsamtbezogenen, hochlehnigen Sofa Platz und atme erst einmal tief durch. Die Eltern Stein fragen mich nicht aus. Sie warten, was ich sagen möchte,

hören in aller Ruhe zu, vermitteln mir das Gefühl, daß sie meinen »Besuch« vollkommen akzeptieren.
Nach der aufregenden Atmosphäre in der Künstlerfamilie bin ich in einer Oase gelandet, in die der Krieg keinen Zutritt hat. Ich bleibe einfach sitzen und kann nicht nein sagen, als ich zum Abendessen eingeladen werde. Was sind das für liebe Leute!
Schließlich kriege ich doch Hummeln – es wird immer später. Der alte Herr sucht mir einen Zug aus dem Fahrplan heraus. Ich telefoniere schnell mit Mutter, die sich schon Sorgen gemacht hat, sage aber nicht, wo ich inzwischen war. Die Eltern Stein bringen mich zum Hauptbahnhof und winken mir nach.
In Klotzsche stehen Mutter und Onkel Fritz am Bahnsteig. Schließlich ist es schon halb zehn Uhr nachts. Die »verlorene Tochter« ist endlich wieder da. Ich hüpfe fröhlich aus dem Zug, erzähle Vorwürfe einfach nieder. Zu Hause spiele ich meinen letzten Trumpf aus: Ich habe die Eltern Stein am kommenden Wochenende zum Kaffee und Abendessen eingeladen, und die kommen bestimmt, das haben sie mir versprochen.
Onkel Fritz ist sichtlich verlegen. Aber Mutter sagt beim Gutenachtkuß: »Du bist mir vielleicht ein Tausendsassa!« und freut sich auf den Besuch. Ich fühle mich heute besonders wohl in meinem Bett, denke noch vor dem Einschlafen: Der Onkel Fritz ist eine Zugabe, die man nicht ändern kann. Aber seine Eltern, wenn die wirklich unsere Großeltern werden sollten, die wären ein richtiges Geschenk. Großeltern kann man nie genug haben.

17. Tiere

Eines Tages bringt mein Bruder in einem Einweckglas Kaulquappen mit nach Hause und ruft uns alle zusammen. Er rührt das Wasser mit einem Holzlöffel kräftig um. Da schwimmen alle Kaulquappen rückwärts, und mein Bruder verkündet stolz, er habe sie dressiert. Das sieht lustig aus. Mutter findet das aber gar nicht komisch, und unsere Herta sagt: »Die armen Viecher sind ja längst verhungert, ehe sie richtige Frösche geworden sind!«
Mutter sieht uns an und erklärt ruhig: »Mittagessen gibt es erst, wenn wir die Kaulquappen dorthin zurückgebracht haben, wo sie herausgefischt worden sind.«
So machen wir alle einen langen Spaziergang in den Prießnitzgrund, und mein Bruder muß die Kaulquappen in den Tümpel zurückschütten. Er mault den ganzen Weg, weil er seinen Trick in der Schule vorführen wollte. Im Wald stehen wir dann eine Zeitlang vor dem Tümpel. Da wimmeln nicht nur viele Kaulquappen herum. Die ganze Wasserfläche lebt und ist von vielen Tieren bewohnt. Von kleinen schwarzen Molchen, Wasserspinnen und Gelbrandkäfern. Teichläufer schießen auf ihren nadeldünnen Beinen über die Oberfläche, als ob sie aus Glas wäre. Auf dem Heimweg spricht Mutter ernst mit uns über Tierliebe und Tierquälerei. Zu Hause holen wir unsere Biologiebücher und schlagen in Brehms Tierleben nach, bis das Mittagessen fertig ist. Ich schäme mich jetzt, wenn ich daran denke, wie wir gefangenen Fliegen einen Faden um

den Bauch gebunden haben, damit wir sie, wenn sie so schwerfällig flogen, wieder einfangen konnten. Damals haben wir uns halb krank gelacht, wenn wir »Schick mal den Brummer rüber ...«, die Fliegen zwischen uns hin und her summen ließen. Wir werden auch nie wieder einer Katze eine Nußschale unter die Hinterpfote binden.
Wir warten mal wieder vergeblich auf meinen Bruder. Wer weiß, wo der sich herumtreibt! Unsere Herta hat schon den Tisch abgeräumt, da klingelt es Sturm! Mein Bruder ist da – strahlend. Er trägt alle Schulbücher unterm Arm und hievt seine schwere Tasche stolz mitten auf den Eßzimmertisch. Nachdem er seine Bücher abgelegt hat, flüstert er zweimal: »Simsalabim«, öffnet die Tasche und holt ein großes, weißes Kaninchen heraus.
Uns bleibt die Spucke weg. Wie da der Hase auf der Tischdecke sitzt, uns mit roten Augen anguckt und seine Schnurrhaare nervös spielen läßt. Wir erschrecken, als er seine Hinterpfoten kräftig aufklopft. Mein Bruder verkündet siegessicher: »Das ist ein Rammler, den habe ich heute bei einer Wette mit einem Freund gewonnen! Nächste Woche kriege ich eine Häsin, und dann ...«
Mutter holt tief Luft, Onkel Fritz macht Spiegeleieraugen, ich sage laut: »Ach du Grundgütiger!« Mein Bruder hat die Sache völlig im Griff: »Abwarten!« Er trägt das Tier in die Waschküche, setzt es in einen Karton und legt das Wäscherubbelbrett darüber, damit es nicht abhauen kann. Den ganzen Nachmittag verbringt er mit einem Nachbarn, der in seinem Garten noch alte, halbverfallene Ställe stehen hat, und nagelt sie mit ihm wieder in Ordnung.
Am Abend stehen hinter unserem Gartenhaus vier tadellose Kaninchenboxen. Auf dem Dach und in den Ställen Dachpappe, die Türen mit Maschendraht und Riegeln

versehen. Ein Sack mit Sägespänen als Streu ist bereits organisiert.
Und dann gibt es einen Triumphzug! Wir gehen alle mit, als mein Bruder den Karton aus dem Keller holt und »unseren Hasen« in den Stall setzt. Mutter zieht ein paar Möhren aus dem Gemüsebeet, wäscht sie unterm Gartenhahn. Wir sehen zu, wie das Kaninchen muffelt. Das Mäulchen geht rechts-links, rechts-links, die Möhren verschwinden wie in einer Raspelmaschine. Mutter, die nie lügt, schreibt diesmal mit »gutem Gewissen« eine Entschuldigung, daß mein Bruder wegen starker Kopfschmerzen nicht imstande war, seine Hausaufgaben zu machen, sie aber nachliefern wird.
Der nächste Morgen findet uns überzeitig vor den Ställen. Unsere Herta hat uns aufgeregt geweckt: »Da ist irgendwas passiert!« Unser großartiger Rammler hat über Nacht Junge geworfen. Er, beziehungsweise sie, klappt aufgeregt mit den Hinterpfoten. Im Stall ist ein weißer Fellhaufen, in dem es sich bewegt. Mein Bruder stottert: »Aber ... aber ...«
Mutter lacht: »Das ist ja eine schöne Bescherung! Und nun macht, daß ihr in die Schule kommt, wir werden uns schon darum kümmern.« Eine Woche lang kocht Mutter Hafermehlsüppchen für unsere »Wöchnerin«, das diese sauber aus ihrem Napf schleckt. Mein Bruder hat mit seinem »Simsalabim« so gut gezaubert, daß wir nun sieben Kaninchen haben. Daß sich Mutter und Herta tief in die Augen sehen und von siebenmal »Fleisch ohne Marken« träumen, bekommen wir glücklicherweise nicht mit.
Für uns sind die Kleinen ein rechtes Wunder, und wir würden sie nur zu gern viel öfter streicheln – wenn das ihre Mutter zuließe. Wir holen fleißig Löwenzahn von den Wiesen und haben bereits einen guten Vorrat an Heu, Stroh

und Sägespänen im Gartenhaus eingelagert. Mein Bruder baut mit dem Nachbarn einen Auslauf, den wir auf unseren Rasen setzen und täglich weiterrücken. Da flitzen sechs Junge um ihre Mutter, spielen, schlagen Haken, überkugeln sich und muffeln Grashalme. Wir haben längst aufgehört, meinen Bruder mit seinem großartigen Rammler aufzuziehen. Er hat inzwischen gelernt, die Hasen von hinten zu prüfen. Er wickelt auch das erste Tauschgeschäft mit einem anderen Kaninchenbesitzer ab. Der ist ganz verrückt nach unseren beiden Schwarzen, wir bekommen dafür zwei große, graubraune Häsinnen, die »guter Hoffnung« sein sollen. Um es kurz zu machen – nach zwei Wochen gibt es neue Fellhaufen, und wir sind um neun Hasenkinder reicher. Hurra!

Nun sind alle Ställe voll besetzt, und die Familien wandern umschichtig in den Auslauf. Da Mutter darauf dringt, daß wir die Tiere versorgen, finde ich es gemein von meinem Bruder, daß er plötzlich das Interesse an ihnen verliert. Er erscheint dafür mit einem Hund.

»Das ist Flocki«, sagt er, »ich habe ihn von Bekannten aus Blasewitz. Er ist ein ausgezeichneter Zuchtrüde, hier sind die Papiere.« Damit knallt er einen dicken Umschlag auf den Tisch. Flocki ist ein schwarzweißer englischer Kurzhaarfoxterrier. Onkel Fritz liest laut aus den Papieren vor: »Flocki ... 6. Wurf aus Mutter: Arabella vom Königstein und Vater: Benito von Dollsdorf. Beide absolut reinrassig und preisgekrönt.« Vor so viel Adel und abgestempelten Papieren verschlägt es uns den Atem. Donnerwetter!

Nur Mutter kommt sofort auf den Boden der Tatsache. »Warum«, sagt sie, »wenn ich fragen darf, haben die Besitzer dieses so wunderbaren Hundes, dir dieses außergewöhnliche Tier einfach geschenkt?«

»Das ist völlig klar«, meint mein Bruder, »der ist zu Hau-

se dauernd abgehauen, weil er sich da nicht wohl fühlte.«
Unsere Mutter setzt sich, bläst laut die Luft aus ihrem Mund: »Liebe Leute«, erklärt sie schließlich, »ab heute haben wir einen rassereinen ›Streuner‹ im Haus! Foxterrier sind Katzen- und Kaninchenmörder. Aber, wie ihr wollt, ich wasche meine Hände in Unschuld.«
Ab sofort gilt: Wenn die Kaninchen draußen sind, bleibt der Hund im Haus – und umgekehrt!
Flocki entfaltet seinen ganzen Charme. Er erweist sich als zärtlicher, anschmiegsamer und folgsamer Hausgenosse. Abends liegt er zu Mutters Füßen, drückt seinen Kopf auf ihre Füße und will gestreichelt sein. Sein Körbchen steht unter der Küchenbank. Er liebt unsere Herta und »hat nun mal«, wie Onkel Fritz aus Busch zitiert »'n Hang fürs Küchenpersonal«. Seinem steinerweichenden Blick kann Herta nicht widerstehen, er bekommt immer was Gutes.
Flocki ist wohlerzogen, macht Platz und Sitz, gibt Pfötchen und fügt sich blendend, streng getrennt von unseren Kaninchen, in unsere Familie ein. Er folgt meinem Bruder aufs Wort, und der hat längst mit seiner speziellen Dressur begonnen: Die Leiter an die Klopfstange gelehnt, eine Scheibe Blutwurst, und Flocki steigt die Sprossen hoch, bekommt oben seine Belohnung und kraxelt rückwärts wieder runter.
Die Nachbarn kommen, um sich das Kunststück anzusehen. Mein Bruder wehrt Bravorufe stolz-verhalten ab und erklärt, dies sei nur der Anfang.
Es ist wirklich leider nur der Anfang! Kurze Zeit später sind alle Kaninchen aus dem Gehege verschwunden – ebenso unser wunderbarer, rassereiner Hund.
Die Kaninchenfamilie ist schnell wieder gefunden, sie sitzt zusammengedrängt unter dem Zwergrhododendron im Steingarten in der Ecke der Terrasse. Eine unter dem Ge-

hege gegrabene Röhre weist den Fluchtweg. Wahrscheinlich war es ihnen in der prallen Sonne zu heiß geworden, und sie haben dort Schatten gesucht. Allein Flocki, aus Arabella und Benito, ist und bleibt verschwunden! Nach zwei Wochen meldet sich eine alte Frau aus Hellerau, die unsere Adresse am Halsband von Flocki entdeckt hat. Flocki hatte dort einer Dackelhündin einen liebevollen Besuch abgestattet und war seiner Bestimmung als Zuchtrüde durchaus gerecht geworden. Anschließend lag er, erbarmungswürdig, vereinsamt und leise fiepend vor dem Haus der alten Frau, die ihn schließlich mitleidig hereinholte. Sie gesteht verschämt, daß er die nächsten vier Tage ausschließlich in ihrem Bett verbracht habe. Wie könne man denn einem so anhänglichen und guten Tier widerstehen?!

Mein Bruder ist wütend: »Na warte, du Mistköter!« Er fährt mit dem Rad los, klemmt Flocki, der ihn nur mäßig begrüßt, mit Strick vertäut, auf den Gepäckträgerkorb und bringt ihn heim. Flocki hat sich verändert. Ab jetzt liebt er mich, klammert sich dauernd an meine Beine und vollführt merkwürdige Bewegungen. Einem lauten »Pfui« und dem Verweis in seinen Korb kommt er nur zögernd nach. Statt dessen verkriecht er sich hinter dem Holzkasten in der Küche und heult wie ein Wolf. Grauenhaft! Die Familie leidet. Nicht lange. Am nächsten Morgen witscht er zur Tür hinaus, benutzt den Briefkasten als Absprungbasis und ist über alle Berge.

Als mein Bruder zwei Wochen später aus dem Kino am Schänkhübel kommt, sieht er, wie ein schwarzweißer Foxterrier um die Ecke biegt. Er spurtet hinterher, fängt ihn ein, zurrt ihn, trotz Geknurre und Gebeiße, auf seinem Rad fest und bringt ihn nach Hause. Es ist nicht unser Flocki! Es ist der Hund von den Schänkhubel-Lichtspie-

len, der unserem nur ähnlich ist. Mutter ruft sofort den Kinobesitzer an. Der holt seinen Hund bei uns ab – nicht ohne einige vorwurfsvolle Worte.
Nach einer Odyssee von drei Wochen werden wir endlich unseres Hundes habhaft. Die Spur führt über Alt-Klotzsche, Weixdorf bis Königsbrück, Stationen, auf denen er geheiratet hat. Mit Mutters Geduld ist es vorbei. »Schluß, aus!« Das ist ein Machtwort! Mutter bringt Flocki persönlich zu unseren Bekannten in Blasewitz zurück.
Wir empfinden bald eine Leere. Hatten wir doch nie einen liebevolleren und, wie mein Bruder meint, dressurbegabteren Hund als Flocki aus Arabella und Benito. Mein Bruder faßt unsere Empfindung und Enttäuschung in einem Wort zusammen: Jammerschade! Keiner widerspricht.
Eigentlich bin ich ganz froh, denn nun wendet sich mein Bruder wieder der Kaninchenzucht zu. Endlich muß ich nicht mehr allein alles ausmisten und für Futter sorgen. Im Sommer ist das Saubermachen der Ställe kein Vergnügen. Bei der Hitze wimmelt es unter dem Stroh von Fliegenmaden. Igitt! Neben dem Kompost wächst ein bedrohlicher Misthaufen! Wer unsere Villenstraße entlanggeht, sieht vor den Häusern nur gepflegte, schöne Vorgärten und ahnt kaum, daß hinter den Häusern große Gemüse- und Obstbeete und viele Kaninchenställe sind. Seit es Lebensmittelkarten gibt, wachsen dort die Fest- und Feiertagsbraten ebenso nach wie Kartoffeln, Gemüse und Obst.
Abends, nach dem Gartengießen, machen die Nachbarn ihren gewohnten Rundgang. Da wird über Gartenbau und Tierzucht gefachsimpelt, da werden Tiere begutachtet, da wird getauscht.
Drei Häuser weiter, an der nächsten Straßenecke, wohnt

der Ziegen-Opa, den wir oft besuchen. Er ist klein, hat ein lustiges, zusammengeknautschtes Gesicht, immer einen großen Hut auf, eine meist kalte Stummelpfeife im zahnlosen Mund und die unwahrscheinlichsten O-Beine. Er läuft nicht, er »säbelt«, ist immer freundlich und spricht das schönste Sächsisch, das es gibt. Wenn sein kleiner Enkel Lothar hinten aus dem Garten schreit: »Großvatel – ich mussemal!« dann schreit der Ziegenopa zurück: »Loodaar, mach 'nein der Waschkiche, mei Chunge!«
Lothar ist froh, daß unser Hund weg ist. Vor dem hatte er große Angst, weil Flocki immer mit seiner Schnauze an Lothars oft nasser Hose hing und ihn vor sich herschob, schneller als Lothar gehen konnte.
Der Ziegenopa hat hinten an seinem Haus einen Stall angebaut, in dem seine weißen Ziegen untergebracht sind, fünf Milchziegen und zwei kapitale Ziegenböcke, die nicht gerade gut riechen. Wenn er draußen auf den Wiesen Grünfutter holt, spannt er die Ziegenböcke vor einen Wagen und zockelt los. Alle Nachbarskinder reißen sich darum, mitfahren zu dürfen. Sein großer Auftritt aber ist jedes Jahr der Faschingsdienstag! Dann schmückt er seinen Wagen besonders schön, sitzt im Frack und Zylinder auf dem Kutschbock und fährt die Kinder durch den ganzen Ort. Überall bekommt er ein Schnäpschen. Der Höhepunkt aber ist erst erreicht, wenn er laut singt: »Mir laachen vor Madagasgaar un hadden de Best an Bord!«
Mutters medizinische Kenntnisse wirken sich recht segensreich aus. Wenn sich jemand verletzt hat, kommt er zu ihr. Sie verbindet, verpflastert, die Wasserstoffsuperoxydflasche wird nicht leer. Seit Mutter Ziegenopas Frau bei einer bösen Grippe beigestanden hat, gibt er uns oft von seinem Ziegenkäse. Daß wir frisch geschleuderten Honig haben, verdanken wir einem anderen Nachbarn, dem sie

den Kiefer einrenkte, als er die Maulsperre hatte. Auf Lebensmittelkarten gibt es nur noch Kunsthonig. Auf dem Land ist eben alles anders, da hilft einer dem anderen.
Wegen der Luftangriffe haben wir überall Verdunklungsrollos angebracht. Nachts liegen alle Straßen in tiefem Dunkel. Man kann jetzt Leuchtabzeichen kaufen, die man ansteckt, damit man sich im Finstern nicht umrennt. Immer sind Patrouillen unterwegs, Blockwarte und Hitlerjungen, die überall klingeln – Sturm klingeln – beim geringsten Lichtschein, oder nur so zum Spaß. Sie brüllen: »Verdunklung!«, und die Menschen verkriechen sich. Da schleichen Gestalten um unsere Häuser herum, lauschen an den Fenstern, ob jemand einen verbotenen, fremden Sender hört.
Was nützt es, wenn wir alle so viele Feldpostbriefe an Verwandte und Bekannte schicken, ihnen Mut machen und schreiben, daß zu Hause alles in Ordnung ist? Es ist eben überhaupt nichts mehr in Ordnung! Wir begreifen nicht, daß es Kinder gibt, genausoalt wie wir, die ihre Eltern anzeigen, weil sie verbotene Bücher lesen und andere Sender hören. Ich habe Angst und weiß nun, daß es wirklich zwei Fronten gibt: Dort draußen, wo die Soldaten kämpfen und fallen, und hier bei uns an der sogenannten »Heimatfront«, in der so vieles unverständlich und gefährlich wird.
Eines Tages fehlen überall Kaninchen aus den Ställen. Die ganze Nachbarschaft trifft sich beim Ziegenopa und berät. Am nächsten Tag hämmert und klopft es in den Hintergärten. Alle Kaninchenbesitzer haben nun stabile Holzwände mit Schlössern vor ihren Ställen. Aber ist das denn der Krieg?

18. Höhen und Tiefen

Denn erstens kommt es anders – und zweitens hätte ich mir so was nie träumen lassen: Fräulein Bernhard hat mich zu einem Instrumentalwettbewerb bei der Reichsmusikkammer angemeldet!
Von den Bedingungen, die altersmäßig verschieden sind, will sie nichts wissen. Ich soll die letzte Sonate, die ich komponiert habe, vorspielen. Ich bekomme auch wirklich schulfrei und finde mich, wie vorgeschrieben in Dienstkleidung, begleitet von dem strahlenden Fräulein Bernhard, zum Vorspielen ein. Wir müssen eine ganze Weile mit sechs anderen Jungen und Mädchen in einem Vorraum warten. Die sind alle ziemlich hippelig vor Lampenfieber und werden dauernd von ihren Eltern oder Lehrern beruhigt. Vor mir ist ein sechzehnjähriges Mädchen dran. Durch die geschlossenen Türen können wir zuhören. Sie spielt das Italienische Konzert von Bach mit unglaublicher Präzision. Mir wird es doch etwas mulmig. Aber Fräulein Bernhard rückt ihren Hut gerade, klopft mir siegessicher auf die Schulter. Dann bin ich dran. Jetzt oder nie!
Die fünf älteren Herren, die seitlich vom Flügel an einem Tisch sitzen, sind überaus freundlich: »Und was bekommen wir von dir zu hören?« fragt mich der eine leutselig. »Sonate C-Dur, von mir«, sage ich schnell und warte gar nicht ab, bis sie ihre offenen Mäuler zugeklappt haben, sondern spiele einfach los. Ich vergesse vollkommen, wo

ich mich befinde, bin irgendwo weit weg. Beim ersten Satz sitze ich mit meiner Erzgebirge-Gitt auf einer Margeritenwiese in Georgenthal, höre beim zweiten Satz das Würzburger Öhmchen Märchen erzählen und darf beim dritten Satz mit Tante Ekas Tambourin über die Bühne wirbeln ...
Als ich zu mir komme, ist es eine Weile ganz still. Dann stecken die Herren die Köpfe zusammen, flüstern miteinander. Ich fange Wortfetzen auf wie »unglaublich«, »entspricht nicht den Regeln« und warte. Schließlich erhebt sich einer der Herren, spielt mir acht Takte vor und fordert mich auf, diese Melodie zu variieren. Ich greife das Thema auf, verändere es viermal – wie es mir gerade einfällt.
Wieder Schweigen, wieder Besprechungen – endlich die Frage: »Was lernst du denn eigentlich bei deiner Klavierlehrerin?«
Ich zähle die vielen schwierigen Stücke auf, die sie mir beigebracht hat. Von den Haydn-, Mozart-, Beethovensonaten, die für diesen Wettbewerb verlangt werden, habe ich keinen blassen Schimmer! Trotzdem bin ich zuversichtlich: »Sagen Sie mir, was ich spielen soll, dann komme ich morgen wieder.« Und weil die Herren langsam Spaß an der Sache kriegen, nennen sie mir eine Mozartsonate. Ich nicke, bin entlassen und darf am nächsten Tag – außerplanmäßig – wiederkommen.
Fräulein Bernhard setzt den Hut auf Sturm und sagt überzeugt: »Das schaffst du, denen zeigen wir es. Das wäre doch gelacht!«
An diesem Nachmittag und Abend lerne ich die ganze Mozartsonate – und die hat es ganz schön in sich – wieder völlig ohne Noten. Am nächsten Tag bin ich pünktlich zur Stelle und präsentiere das, was verlangt wird.

Eine Woche später erhält Mutter einen Brief von der Reichsmusikkammer. Da steht, daß man mir, trotz außergewöhnlicher Umstände, einen Musikpreis zuerkannt hätte. Ab sofort unterstehe ich der Reichsmusikkammer, bin vom HJ-Dienst befreit. Ich erhalte einen Studienplatz am Konservatorium: Klavierklasse Theodor Other. Ein Plan für die anderen Fächer liegt bei. Harmonielehre, Kompositionslehre, Chorproben.
Mutter fällt aus allen Wolken. Fräulein Bernhard triumphiert, auch wenn im Brief steht, daß ihr »unqualifizierter Unterricht« sofort abzubrechen ist. Sie ist gar nicht beleidigt. Sie umarmt mich, vereidigt mich, meine Fingernägel ja kurz zu schneiden, um mit den Tasten zu »verwachsen«, und verabschiedet sich in dem wunderbaren Bewußtsein, ihre »Entdeckung« in die richtigen Bahnen gelenkt zu haben.
Bei Theodor Other werde ich erst mal auf den Nullpunkt heruntergeschraubt. Nur Tonleitern, Fingersätze. Alles, was ich von Chopin, Liszt, Schubert, Schumann so wunderbar spielen kann, bezeichnet er als »Getue«.
Die ersten Wochen sind qualvoll. Ich bin verzweifelt, kann überhaupt nichts mehr, mache grundsätzlich alles falsch und schwöre schweißgebadet, keine Taste mehr anzurühren. Ich begreife schmerzlich, daß meine »Kunst«, mein Fingergedächtnis, mein Gehör, mein Auswendigspielen eine Luftblase ist und ich von der notwendigen Basis keinerlei Ahnung habe. Das ist ein Absturz, der mich aus allen Illusionen reißt und erst in dem Moment gebremst wird, als ich das erste Stück aus dem Notenbuch der Anna Magdalena Bach spielen darf. Werktreue, nicht meine Gefühle sind ausschlaggebend!
Als endlich Herr Other sagt: »Das war schon besser«, ist das für mich wie eine Eins in Mathematik. Ich bin dank-

bar wie ein Hund, der zur Belohnung einen kleinen Knochen kriegt.
Dagegen ist das Zusammensein mit den anderen Studenten am Konservatorium, in das ich als Jüngste mit dreizehn Jahren hineingestolpert bin, wie ein Rausch. Die Chorproben sind für mich eine Offenbarung. »Carmina burana« von Orff, Pfitzners »Von deutscher Seele«, die »Jahreszeiten« von Haydn, der Schlußchor der »Neunten« von Beethoven, Wagners »Apotheose«, der »Odysseus« von Reutter – ungekannte Welten.
Was mich am meisten fasziniert, ist der lockere Ton, der hier herrscht. Wie sie Meyer-Giesow, unseren Dirigenten, wenn er als Studentenführer bei politischen Veranstaltungen plötzlich Uniform trägt, als »Geyer-Miesow« bezeichnen. Wie wir bei Sonntagsmatineen in der Oper nach unserem ersten Auftritt alle im oberen Ballettsaal verschwinden, wenn unten die großen Reden gehalten werden. Wie sich da zwei Studenten einfach an den Flügel setzen und »jazzen«, wie wir ausgelassen tanzen und herumspringen, bis der Pfiff zum nächsten Einsatz kommt. Wir begeistern uns, verströmen uns in Musik, schieben den elenden Krieg einfach weg. Wir fühlen uns großartig!
Mein Bruder macht sich seit neuestem die Fingernägel sauber und putzt seine Schuhe auf Hochglanz. Als ich ihn einmal im Bad erwische, wie er sich Pomade auf den Kopf schmiert, kriege ich eine Ohrfeige und werde rausgeschmissen. Schuld daran ist Sigrid. Sie ist mit ihren Eltern aus Berlin zugezogen. Sie wohnt nun auch in Klotzsche. Sie fährt mit uns im Zug. Sie geht in meine Klasse, obwohl sie zwei Jahre älter ist. Sigrid ist sehr blond, sehr groß, sehr hübsch und sehr gut angezogen. Ihr Vater ist im diplomatischen Dienst und die meiste Zeit nicht da. Sie besucht mich oft, wir machen zusammen Schularbeiten. Mein

Bruder ist hin und weg. Dauernd kommt er ins Zimmer, wenn sie da ist, hat irgendeine blöde Ausrede und feuchte Seehundaugen.
Unter Androhung von »schrecklichen Maßnahmen« muß ich Sigrid jeden Tag einen Gruß von ihm ausrichten. Wenn ich aus der Schule heimkomme, zerrt er mich in eine Ecke und fragt: »Na, was hat sie heute gesagt?« Es ist ein Leidensweg. Sage ich die Wahrheit: »Sie hat sich ausgeschüttet vor Lachen«, bekomme ich eine geschwalbt. Ältere Brüder sind gemein – meiner ganz besonders. Erst als mein Bruder Zeuge wird, wie »seine Sigrid« einem jungen Offizier um den Hals fällt und ihn herzhaft küßt, ist er geheilt. Und ich werde den Teufel tun, ihm zu sagen, daß das ihr Bruder war!
Mutter und Onkel Fritz unterhalten sich jetzt oft über »Pubertät«. Einmal höre ich, wie Onkel Fritz sagt, daß das in einzelnen Fällen bis zum »jugendlichen Veitstanz« gehen kann! Aber Mutter lacht: »Das fehlte uns gerade noch – nun hör aber auf!«
Wenn sie wüßte, wie mein Bruder neulich mit Herta in der Küche herumgetobt ist, ihr eine Locke abgeschnitten hat. Zu mir sagt er, er liebt rote Haare und braucht das für seine Brieftasche. Für mich ist Pubertät eine Krankheit, unter der hauptsächlich die jüngere Schwester zu leiden hat!
In den Osterferien will mein Bruder mit seinem Freund eine Radtour in die Sächsische Schweiz machen. Mutter ist nicht begeistert, aber schließlich ist der Junge 16 Jahre alt; andere Jungs machen auch Radtouren. Außerdem fühlt Mutter sich gar nicht wohl, und das nützt mein Bruder aus. Am nächsten Morgen ist er verschwunden – und mit ihm sämtliche Wäscheleinen und der Kasten mit Gardinenhaken. Mutter bekommt das gar nicht mehr mit. Sie hat

plötzlich hohes Fieber und eine schlimme Lungenentzündung. Sie wirft sich im Bett herum, phantasiert, will aufstehen, kochen, staubwischen, im Garten arbeiten, einkaufen, ruft nach uns ... Wir haben große Angst um sie. Der Arzt kommt zweimal am Tag, klebt ihr ein Senfpflaster nach dem anderen auf Brust und Rücken, gibt ihr Spritzen, flößt ihr Medizin ein und verordnet laufend Wadenwickel.

Wir schleichen im Haus herum und beten, daß Mutter nicht stirbt. Wenn Onkel Fritz auf dem Stuhl neben ihrem Bett einnickt, lösen ihn Herta oder ich ab. Wenn Mutter doch endlich aufhören wollte, so zu keuchen und vor sich hinzuflüstern! Jetzt erst begreife ich, um wie viele Dinge sie sich täglich sorgt, wie verantwortlich sie sich für unsere Familie fühlt, wie sie kämpft, weil sie mit ihrem Pflichtbewußtsein glaubt, daß es ohne sie nicht geht.

Von meinem Bruder keine Spur. Dabei hatte er Mutter doch versprochen, immer mal anzurufen. Dann steht in der Zeitung, daß ein Schüler aus Dresden beim Klettern in der Sächsischen Schweiz abgestürzt und schwerverletzt ins Krankenhaus von Bad Schandau eingeliefert worden ist. Onkel Fritz ruft sofort an. Es ist mein Bruder!

Onkel Fritz bleibt bei Mutter. Herta und ich fahren mit dem Zug los. Mein Bruder hat einen doppelten Schädelbasisbruch, ist rund um die Augen pflaumenblau, das Bluten aus den Ohren hat Gott sei Dank aufgehört. Von den Wunden am Körper, den Prellungen und Quetschungen gar nicht zu reden! Es ist ein Wunder, daß er noch lebt. Er ist 20 Meter abgestürzt, an einem Baum hängengeblieben. Sein Freund hat die Bergwacht alarmiert. Mein Bruder versucht, einen müden Witz zu machen, aber wir merken, daß es ihm schlecht geht. Wir dürfen auch nur kurz bei

ihm bleiben. Wir sagen nichts von Mutter und fahren besorgt nach Hause. Diese Osterferien werde ich nie vergessen!
Nach 10 Tagen macht uns der Arzt wieder Mut: Mutter hat die Krisis dank ihres zähen Lebenswillens überstanden. Am gleichen Tag bekommen wir vom Krankenhaus Bad Schandau die Nachricht, daß mein Bruder nicht auf einem Auge blind wird, wie man befürchtet hatte. Wir umarmen uns und kriegen das große Heulen, weil wir so erlöst sind. Mutter ist blaß und schmal geworden, aber in ihren Augenwinkeln lauert schon wieder die alte Energie. Mein Bruder hat oft Kopfschmerzen, darf etwa vier Wochen nicht in die Schule. Er muß, wenn die Sonne scheint, eine Mütze aufsetzen. Um die Augen wirkt er noch sehr interessant: nicht mehr pflaumenblau – eher chinesengelb. Mit seiner Mütze, die er sehr verwegen aufsetzt und die inzwischen sein Markenzeichen geworden ist, sieht er trotzdem prima aus.
Bei mir ist auch nicht mehr alles in Ordnung. Beim Baden entdecke ich, daß ich auf meinem Brustkasten plötzlich zwei harte Höcker habe. Ich springe pudelnaß aus der Wanne, rase ins Wohnzimmer zu Mutter und schreie: »Um Gottes willen, ich habe zwei Geschwüre!«
Aber Mutter bleibt ganz ruhig, nimmt das Badetuch, trocknet mich ab und meint beruhigend: »Du bekommst langsam eine Brust.« Ach du Grundgütiger!
Onkel Fritz verläßt das Zimmer. Ich kann deutlich sehen, daß er sich das Lachen verbeißt. Ich hasse ihn! Wenn ich einen Pullover anhabe, sieht man deutlich meine »Geschwüre«. Ich schäme mich entsetzlich.
Mein Bruder schnippt geringschätzig an diese Dinger und fragt: »Papier oder Watte?« Ich könnte ihn ermorden!
Eine alte Tante, die uns manchmal besucht, setzt dieser

Sache die Krone auf, indem sie Mutter nahelegt, daß ich doch jetzt einen Brustbeutel tragen müßte, so einen Busenschoner, damit es anständiger aussieht. Meint sie etwa diese Doppeltüten, die man sich umschnallen muß?
Manchmal weine ich und bin sehr unglücklich. Manchmal kann ich nicht aufhören zu lachen. Manchmal wache ich nachts auf, starre aus dem Fenster und weiß nicht, was ich mit mir anfangen soll. Dann krieche ich unter meine Decke, und immer wieder tauchen gräßliche Bilder auf – was Männer und Frauen miteinander machen, wenn sie zusammen im Bett liegen.
Zwei Mädchen, die früher mit mir im HJ-Dienst waren, haben mir ganz fürchterliche Sachen erzählt. Solche Schweinereien, mit solchen gemeinen Ausdrücken, daß ich mich schrecklich ekle. Wenn ich nur mit Mutter darüber reden könnte! Aber da ist Onkel Fritz, und die Mädchen haben mir gesagt, daß er genau solche Dinge mit meiner Mutter macht. Ich traue mich nicht, sie danach zu fragen. Mit meinem Bruder kann ich natürlich erst recht nicht darüber sprechen. Jungs sind eben ganz anders.
Als ich einmal wieder bei Ingeborg Neugebauer in Dresden bin, fange ich an zu weinen und zu stottern. Ingeborg nimmt mich bei der Hand und führt mich zu ihren Eltern ins Wohnzimmer. Dann reden wir. Endlich darf ich alles aus mir rauslassen, was mich bedrückt. Ich erzähle auch vom Waldpark, von dem Mann, der uns so geängstigt hat. Sie hören mir ganz ruhig zu. Ich rede so lange, bis ich keine Spucke mehr im Mund habe. Dann erklären sie mir auf ihre besondere Art, was Liebe, was Sehnsucht, was Gefühl bedeutet. Sich an einen anderen Menschen zu schmiegen, ihn bloß zu fühlen, nicht mehr allein zu sein ...
Da kriege ich erst recht das große Weinen. Aber sie finden das gar nicht falsch, das gehört eben alles dazu. Sie neh-

men sich vor meinen Augen in den Arm, geben sich einen lieben Kuß und umfassen Ingeborg dabei, die sich zärtlich an sie schmiegt.
Als ich an diesem Tag nach Hause komme, habe ich etwas Wichtiges begriffen: Liebe ist nichts Häßliches – Liebe ist der Mittelpunkt aller Dinge – Liebe umfaßt alle Gefühle – Liebe ist ein wunderbares Geschenk! Das hat alles nichts mit dem zu tun, was mir die Mädchen nach dem HJ-Dienst erzählt haben.
Ich gebe Mutter einen zärtlichen Kuß, sage Onkel Fritz anständig Gute Nacht (obwohl ich tagelang nicht mit ihm gesprochen habe) und krieche in mein Bett.
In dieser Nacht höre ich im Traum ein großes Sinfonieorchester, das mit wunderbaren Klängen meine letzte Komposition aufführt. Der Beifall rauscht – ich soll mich verbeugen -, aber ich laufe hinaus hinter die Bühne. Dort stehen Mutter und mein Bruder mit seiner verrückten Mütze – und ganz hinten wartet der Onkel Fritz mit seiner Aktentasche. Ich winke alle zu mir her, dann gehen wir gemeinsam auf die Bühne. Wir umarmen uns – alles jubelt ...
Endlich kann ich wieder gut schlafen.

19. Vorteile und Nachteile

Partei und Krieg ziehen die Schraube immer fester. Das merken wir in unseren Schulen. Die jüngeren Lehrer sind längst beim Militär, zurückgeblieben sind die älteren Pauker und einige jüngere Lehrerinnen, die Lücken auffüllen sollen. Das Merkwürdige ist, daß wir gerade zu den älteren Lehrern plötzlich ein gutes Verhältnis bekommen. Sie hämmern uns nicht dauernd die üblichen Parolen ein, wie die deutsche Jugend zu sein hat: flink wie Windhunde, zäh wie Leder, hart wie Kruppstahl und findig im Suchen nach Altmaterial! Sie vermitteln uns ihr Wissen ernst und mit dem Bemühen, gerade in dieser Zeit einen Grundstock an deutscher Kultur, an humanistischer Bildung aufrechtzuerhalten. Solange es noch geht, wie sie sagen.

Mein Klassenlehrer, Dr. Worm, ein kleiner, drahtiger Mann, der mal Olympiasieger im Geräteturnen war, ist großartig. Seinem Biologieunterricht folgen wir mit wacher Aufmerksamkeit. Er überspringt konsequent das Kapitel über Rassereinheit und erbkranken Nachwuchs und führt uns in andere interessante Gebiete ein.

Als wir ihn einmal aus Schabernack im Klassenzimmer einsperren, da steigt er einfach aus dem Fenster, läuft außen an den Gesimsen lang, findet ein offenes Fenster – und steht plötzlich hinter uns! Wir jubeln, tragen ihn auf unseren Schultern über den Schulhof. Das ist unser Lehrer, unser »Wörmchen«!

Meinem Bruder geht es nicht anders. Der »Kleine Muck«,

sein Lateinlehrer, kommt in die Klasse, sagt ohne Armhebung sein »Heil Hitler« und »Bitte lüften!«. Nachdem der »Gruß« zum Fenster hinaus ist, heißt es: »Bitte setzen, Fenster schließen – wo waren wir das letzte Mal?« In den Stunden vor den Ferien führt er die Klasse in die philosophische Propädeutik ein: Spinoza und Leibniz. Die Jungs sind begeistert. Stundenlang sitzt mein Bruder mit seinem Freund in seinem Zimmer und diskutiert lautstark: Hat die Monade Fenster?

Dabei bin ich als jüngere Schwester natürlich völlig aus dem Rennen und werde ziemlich handgreiflich vor die Tür gesetzt. Ob die Monade wirklich Fenster hat, werde ich wohl nie erfahren.

Wenn es aber um Theater- oder Opernkarten geht, die ich über den Kulturkreis der Reichsmusikkammer billig kriegen kann, dann kommen wir sehr schnell ins Gespräch. Diese Möglichkeit nützen wir alle weidlich aus.

Unsere Soldaten stehen inzwischen in Dänemark, Norwegen, Afrika und auf dem Balkan. Täglich gibt es Erfolgsmeldungen, wie viele Bruttoregistertonnen deutsche U-Boote versenkt haben. Aber das ist eben alles so weit weg von uns, wir sind jung, fröhlich und ausgelassen. Wir leben in Dresden, in einer Stadt mit großer Tradition, in der gerade jetzt die Kultur auf allen Bühnen und Konzerthäusern auf Hochtouren läuft. Es wird fast wie ein Zwang, wie ein Wettlauf mit der Zeit, soviel wie möglich mitzubekommen. Taucht doch im Hintergrund oft die bange Frage auf: Wer weiß, wie lange das noch gut geht? Was macht es uns schon aus, wenn unsere Plätze im Opernhaus nicht die allerbesten sind? Wir nehmen auch mit den Seitenlogen der oberen Ränge vorlieb, sitzen in den hinteren Reihen auf erhöhten Stühlen und können die Bühne nur zu einem Teil übersehen. Dirigiert doch tief unter uns

Karl Böhm die Dresdner Staatskapelle! Die wunderbaren Stimmen der berühmten Sänger reißen uns zu wahren Begeisterungsstürmen hin. Maria Cebotari als Mimi in »La Bohème« und als »Butterfly« – Kurt Böhme als Ochs von Lerchenau im »Rosenkavalier«. Helge Roswaenge als Wagner-Sänger.
Die Konzerte der Dresdner Philharmonie unter Paul van Kempen sind immer ausverkauft. Weltberühmte Solisten stehen auf dem Programm: Georg Kulenkampff, Caspar Casadó, Paul Kempff und Edwin Fischer. Ein besonderer Höhepunkt ist Vaclav Neumann, ein ganz junger Gast aus Prag, der Smetana und Dvorák mit fast tänzerischer Leichtigkeit und außerordentlicher Leidenschaft dirigiert, so daß es selbst das verwöhnte Dresdner Publikum von den Sitzen reißt. So haben wir die böhmische Musik noch nie gehört! Erst nach vier Zugaben geben wir endlich Ruhe. Ganz gleich, ob wir den Zug nach Hause verpassen und lange auf dem Bahnhof warten müssen, auf dem die Wehrmachtstransporte durchrollen.
Die Klavierabende im Künstlerhaus sind für mich und die anderen Musikstudenten besonders wichtig. Elly Ney geht nicht zum Flügel. Sie »schreitet« in ihrem schwarzen, langwallenden Gewand wie eine Schülerin von Gret Palucca zum Instrument. Mich wundert, daß sie nicht barfuß ist. Aber sie »zelebriert« Beethoven, daß wir alles um uns herum vergessen. Nach seinem Konzert setzt sich Walter Gieseking noch mal an den Flügel. Er wartet, bis alles totenstill ist, und spielt für uns den »Fröhlichen Landmann« von Schumann. Was er aus diesem kleinen Musikstück herauszaubert, ist unglaublich. Hinterher sind wir uns einig, daß wir wohl allesamt Stümper bleiben.
Die Aufführungen im Schauspielhaus besuchen wir begeistert. Bei den Sonntag-Jugend-Matineen bekommen wir

immer gute Plätze. Natürlich wimmelt es von HJ-Uniformen, aber das stört uns nicht. Uns geht es um die Theaterstücke und die guten Schauspieler wie Paul Hoffmann, Erich Ponto und Alfons Mühlhofer. »Don Carlos« – ein unauslöschliches Erlebnis! Marquis Posas: »Geben Sie Gedankenfreiheit!« läßt uns aufspringen, auf offener Szene schreien, klatschen und trampeln. Und die ganze Uniformclique, an Massenbeifall gewohnt, jubelt laut mit. Im Konservatorium begrüßen wir uns unter Freunden nicht mehr mit »Guten Tag«, sondern sagen einfach »Don Carlos«.
Von der Schulbehörde tut man auch etwas für »Kultur«. Wir werden klassenweise ins Kino geführt und bekommen »Friedericus Rex«, »D 3 88«, »Alkazar« und andere Kriegsfilme gezeigt.
Immer mehr Städte werden bombardiert. Uns bleibt nur die Hoffnung, daß der Feind Dresden, eine kulturhistorische Stadt, nicht anzugreifen wagt.
Ein Gerücht hält sich hartnäckig und wird als offenes Geheimnis überall herumerzählt: Churchills Tante wohnt in Dresden. Unserer schönen Stadt kann also nichts geschehen, da paßt Churchill schon auf. Luftschutzübungen mit Sandsäcken in Gängen und Kellern der Schulen gehören nun zur vaterländischen Pflicht. Wir nehmen das aber nicht ernst. Im Gegenteil, wir empfinden die Probealarme, bei denen so manche Schulstunde draufgeht, eher als willkommene Unterbrechung.
In unserer Klasse gibt es zwei Schichten. Diejenigen, die von ihren Vätern oder älteren Brüdern über Feldpost die wunderbarsten Pakete kriegen und Sachen tragen, von denen man nur träumen kann, und die anderen, die zum Teil die ausgewachsenen Klamotten von ihren Brüdern anziehen müssen und dauernd angepflaumt werden, weil

alles verkehrt herum knöpft. Da hilft es nichts, wenn wir steif und fest behaupten, daß das jetzt modern ist. Man sieht doch, daß es Jungskleidung ist, auch wenn unsere Mütter die Hemdkragen geändert, die Jacken mit anderen Knöpfen versehen und die Mäntel gekürzt haben. Vor allem mit den Schuhen wird es zum Problem. Ist es nicht ein blödes Gefühl, abgelegte, alte Schuhe von Tanten und Großmüttern tragen zu müssen, wenn die eignen unwiderruflich zu klein geworden sind?
In der Neustadt ist eine Tauschzentrale eingerichtet worden. Dort wird alles ausgestellt, was die Leute hinbringen. Ob es nun Kleidung, Schuhe, Wäsche, Decken und Betten, Schulbücher oder Kinderspielzeug ist. Vom Trittroller bis zur Brille, vom Fahrrad bis zum Fotoapparat, alles wird vom Aufsichtspersonal taxiert. Man bekommt Punkte oder heftet an die einzelnen Dinge eine Karte, auf der eigene Wünsche aufgeschrieben sind. Mutter hat zwei Tischdecken, ein Federkissen und vier gute Filzhüte mitgenommen, und ich werde mich schweren Herzens von meinen Schlittschuhstiefeln trennen. Wir haben Glück und können für mich drei Meter dunkelblauen, seidigen Stoff und zwei Paar Schuhe eintauschen. Na Gott sei Dank, nun kriege ich mein Konfirmationskleid. Die Schuhe passen mir mit Sohlen auch einigermaßen – ich werde mich schon daran gewöhnen.
Der Clou ist, daß Herr Neugebauer, der nun auch als Soldat in Frankreich ist, für mich ein Paar seidene Strümpfe mitgeschickt hat. Bis jetzt habe ich immer solche doofen dunkelbraunen Rippenstrümpfe getragen. Nun kann ich für besondere Gelegenheiten auch »in Seide« erscheinen. Beim Anprobieren muß ich Handschuhe anziehen, damit ich bloß nicht irgendwo hängenbleibe.
Im Handarbeitsunterricht lernen wir, wie man Laufma-

schen vorsichtig wieder hochhäkelt und alte Pullover aufdröselt. Die Wolle wird über Daumen und Ellbogen in lange Schlingen aufgewickelt, die Enden mit der Stopfnadel ineinander gefädelt. Man macht das Garn naß und hängt unten ein Gewicht daran. Wenn es trocken ist, sind die Fäden glatt. Wir müssen Pulswärmer für die Soldaten stricken. Ich möchte nur mal wissen, ob sie unsere bunten Machwerke in weiß-hellblau, rosa-grün und gelb-lila überhaupt anziehen. Wahrscheinlich verwenden sie sie als Putzlappen für ihre Gewehre, wenn sie lange genug darüber gelacht haben. Aus Alt mach Neu, heißt die Devise. Auch für Mutters alte Reithosen, aus denen sie mir einen Rock näht, den ich nicht gerade gern trage.
Beim Samstagabendessen sind wir kaum mehr vollzählig, geschweige denn beim Sonntagsfrühstück. Die ganze Familie ist in den Kriegsprozeß eingespannt. Mutter ist als Rotkreuz-Schwester verpflichtet worden. Sie muß auf dem Neustädter Bahnhof bei Verwundetentransporten helfen und Soldaten verpflegen. Sie hat oft Nachtdienst und kommt erschöpft nach Hause. Onkel Fritz wird dauernd zu Schulungen abgeordnet, und bei mir entwickelt sich das Befreitsein vom HJ-Dienst auch anders, als ich mir das vorgestellt habe. Über die Reichsmusikkammer muß ich bei politischen Veranstaltungen Klavier spielen, auch bei Namensgebungen und Jugendweihen, die Taufe und Konfirmation immer mehr ablösen. Im Konservatorium nennt man das Hundertprozentdienst. Was hilft es, das gehört eben jetzt dazu und muß nach Dienstplan erledigt werden. Mein Bruder sammelt verbissen Altmaterial, weil das Pluspunkte in der Schule gibt – und die braucht er dringend. Seine Flieger-HJ sägt nun längst nicht mehr Streben für Modellflugzeuge aus. Das Heim am Flugplatz ist geschlossen. Das ganze Gebiet mit der Luftkriegsschule

ist ein hermetisch abgesperrter Stützpunkt geworden. Die Maschinen fliegen Tag und Nacht Übungen und Einsätze. Die Flieger-HJ hat jetzt anderes zu tun. Entrümpelung von Dachböden ist wichtig. Die Jungs holen Altmaterial aus den Häusern und fahren die Ladungen mit Leiterwagen zur nächsten Sammelstelle.
Eines Tages bringt mein Bruder triumphierend einen Elektromotor und eine silberfarbene Pistole mit ziseliertem Griff nach Hause. So ein Sammlerstück mit zugelötetem Lauf. Mein Bruder wäre nicht mein Bruder, wenn er nicht in Dresden einen Büchsenmacher aufgestöbert hätte, der ihm den Lauf durchbohrt, die Waffe ölt und in Ordnung bringt. Sogar sechs Kartons mit der passenden Munition kann er erstehen. Heimlich übersteigen wir den Zaun des Schießplatzes und machen Schießübungen. Die Flugzeuge dröhnen so laut, daß unsere Schüsse gar nicht auffallen. Mutter und Onkel Fritz haben keine Ahnung von unserem neuen Sport. Wenn die wüßten, daß wir mit scharfer Munition schießen!
Den Elektromotor will mein Bruder in den Plattenspieler einbauen, das soll eine Überraschung für Mutter werden. Er hat schon eine Zeichnung angefertigt, wie er das bewerkstelligen will. Ich glaube, daß Mutter eher entsetzt als überrascht ist, wenn sie feststellt, daß mein Bruder »zwecks Motorisierung« die Hälfte der Rückwand aus dem Eichenkasten herausgesägt hat. Aber mein Bruder ist sicher, daß der ungeheure Neueffekt den kleinen Schaden vollkommen aufwiegt.
Sammeln wird nun großgeschrieben. Im Keller hängt ein rosa Schwein aus Pappe. Darauf steht: ... ich fresse ... ich fresse nicht ... Jeden zweiten Tag werden Haushaltsabfälle abgeholt, in Fässer gekippt und zur Schweinemästerei gebracht. Mit den rosa Schweinebildern sind überall Plakate

verteilt und angeklebt worden: der »Kohlenklau« und »Pst – Feind hört mit!« Darauf ist ein großer, grauer Mann mit tief in die Stirn gezogenem Hut, der uns erschrecken und drohen soll. Sie hätten lieber ein paar Hitlerjungen draufmalen sollen, solche Hundertfünfzigprozentigen, die unsere Kaninchen stehlen und nachts um unsere Häuser schleichen, um Leute anzuzeigen, die fremde Sender hören.

Wir bekommen in der Schule Tüten mit Sonnenblumenkernen. Die müssen wir in Blumenkästen, Töpfen oder Beeten einpflanzen und dann die reifen Köpfe zu einer Sammelstelle bringen. Auf der Rückseite der Tüte ist genau beschrieben, wie wir das machen sollen und daß wir damit zur Volkswirtschaft beitragen. »So ein Quatsch!« sagt mein Bruder und macht sofort die Tüte auf. Wir essen alle Kerne und wetten, wer die Schalen am weitesten spucken kann.

Nicht genug, daß Mutter Bahnhofsdienst macht, sie kriegt nun auch noch das Sammeln für Eintopf und Winterhilfswerk aufgebrummt. Früher spendete man tütenweise abgepackte Nährmittel und Gemüsebüchsen für den »Eintopf«, vom Winterhilfswerk wurden hübsche Abzeichen, gemalte erzgebirgische Figürchen, kleine Halbedelsteine und Glasanhänger mit eingeschliffenen Käfern oder Schmetterlingen verkauft. Jetzt geht das mit Listen und Büchsen, damit genau festgestellt werden kann, wieviel jeder gibt. Trifft man jemanden nicht an, muß man noch mal hingehen. Jeder Haushalt wird nachgeprüft.

Wenn Mutter Dienst hat, gehe ich für sie sammeln. Unser Bezirk ist die Trobischbergsiedlung und die Baracken dahinter, in denen arme Leute wohnen, die uns manchmal nicht reinlassen oder rausschmeißen. Davor fürchte ich mich immer, wenn ich allein gehen muß. Am Trobischberg wohnt aber auch eine nette Familie, die wir gut kennen. Sie haben zwei Kinder, der Mann ist Funker am Flugplatz, und die Frau bessert für uns Bettwäsche aus. Leider ist der ältere Junge seit einer Hirnhautentzündung behindert, wird aber von der Familie liebevoll betreut. Alle haben das Kind gern, das mit seinem Engelsgesicht friedlich auf dem Fußboden sitzt, nie lacht, nie weint, nur dumpfe Töne herausbringt und sein Holzauto hin- und herschiebt. Eines Tages kommt Mutter vom Sammeln ganz aufgeregt nach Hause. Leute vom Gesundheitsamt haben den Jungen abgeholt und in eine Anstalt gebracht. Befehl von oben! Die Eltern können gar nichts dagegen machen. Kurze Zeit später kommen die völlig verstörten Eltern zu uns. Ihnen wurde mitgeteilt, daß der Junge plötzlich an Herzversagen gestorben und bereits begraben ist. Wir sind erschüttert, die Nachricht ist kaum zu fassen. Mutter hat Mühe, die armen Menschen zu beruhigen. Ich kann nicht begreifen, daß es den Jungen, der so friedlich auf dem Teppich saß, nicht mehr gibt, daß ein Karton mit seinen Kleidern das einzige ist, was von ihm übrigblieb. Nicht einmal sein Holzauto haben sie zurückgeschickt ...

20. »Kamele im Schneesturm«

Warum bekommt man immer ein schlechtes Gewissen, wenn man in der Schule zum Direktor gerufen wird? Auf dem Weg durch die Flure überlege ich krampfhaft, was ich diesmal angestellt habe. Mir ist gar nicht gut. Deshalb bin ich überrascht, daß mich der Direktor so freundlich empfängt. Er stellt mir eine neue Mitschülerin vor und sagt, ich solle mich um sie kümmern, weil sie in Weixdorf, in unserer Nähe wohnt. Die Neue heißt Maddalina Kolesnikoff, ihre Eltern sind Russen und haben bei einem Bombenangriff in Berlin alles verloren. Maddalina ist blaß, hat lange rotblonde Haare, blaue Augen und viele Sommersprossen. Ich soll sie Magdalena nennen, Maddalina findet sie doof, sagt sie in Berliner Dialekt. Das klingt in meinen sächsischen Ohren so drollig, daß ich lachen muß und sie gleich sympathisch finde. Ich kann nicht glauben, daß sie aus einer russischen Familie stammt, und sie meint: »Verjiß et, ick bin ne balina Jöre un sonst nischt.«

Wie kommt eine russische Familie nach Deutschland? Russen sind doch unsere Feinde?! Ich platze fast vor Neugier, aber Magdalena hat keine Lust, mit mir darüber zu reden. Sie sagt, ich sollte mir das von ihrer Mutter erklären lassen, weil sie nie in Rußland gewesen ist und nur ein paar Worte Russisch sprechen kann. Ich möchte gern ihre Eltern kennenlernen, aber sie vertröstet mich immer wieder. Sie sind in einer alten Baracke am Ende von Weixdorf untergebracht worden und nur notdürftig eingerichtet.

Aber ihr Vater ist Kunstmaler, und er baut aus Brettern ein paar Möbel zusammen. Erst, wenn alles fertig ist, soll ich kommen. Wir machen nun oft Schularbeiten zusammen. In einigen Fächern ist Magdalena weiter als wir, in manchen muß sie nachlernen. Zu den anderen hat sie keinen Kontakt, die meisten finden sie eingebildet und lachen über ihren Dialekt. Ich glaube aber, daß sie das absichtlich macht. Wenn wir allein sind, spricht sie ein einwandfreies Hochdeutsch.
Endlich ist es soweit, und Magdalena lädt mich nach Weixdorf ein. Ich bin wahnsinnig gespannt, richtige Russen kennenzulernen. Was hat man uns nicht alles über diese Barbaren und Untermenschen erzählt! Im Kino sieht man in den Wochenschauen immer lange Züge von russischen Gefangenen, die furchtbar aussehen.
Die Baracke ist sehr primitiv und hat nur kleine Fenster. Aber als die Tür aufgeht, verschlägt es mir die Sprache. Alle einfachen Möbel sind mit Ornamenten bunt bemalt. Sogar die Tür hat innen ein wunderbares Muster. Es ist wie in einem Bauernhaus. Ganz anders als bei uns, aber man fühlt sich sofort wohl. Frau Kolesnikoff kommt mir entgegen. Was für eine schöne Frau! Tiefschwarze Haare, im Nacken zu einem Knoten gesteckt, und Mandelaugen, von denen ich mich kaum losreißen kann. Obwohl sie ärmlich angezogen ist, wirkt sie auf mich wie eine vornehme Dame. Sie begrüßt mich in akzentfreiem Deutsch. Ich habe sofort großen Respekt vor ihr. Herr Kolesnikoff dagegen sieht schon eher so aus, wie ich mir einen Russen vorstelle. Groß, lange graue Haare, ein Bart, ein fremdes Gesicht mit schmalen asiatischen Augen. Beim Kaffeetrinken sagt er nur ein paar Worte zu seiner Frau, die ich nicht verstehe. Dann zieht er sich ins Nebenzimmer zurück.
»Vater malt, nun können wir es uns gemütlich machen«,

sagt Magdalena erneut in ihrem Berliner Dialekt, der so gar nicht in diese Umgebung und zu diesen Eltern paßt. Ich muß immer wieder Frau Kolesnikoff ansehen. Schließlich fasse ich Mut und frage, frage einfach drauflos. Es gibt so viel, was ich wissen möchte, was mich brennend interessiert. Frau Kolesnikoff räumt das Geschirr beiseite und stellt eine Kerze auf den Tisch. Magdalena macht es sich oben auf dem Doppelstockbett, das hinten im Raum steht, bequem.

Dann erzählt Frau Kolesnikoff: »Mein Urgroßvater war am Dekabristenaufstand beteiligt und wurde mit den anderen Fürsten nach Sibirien verbannt. Seine Frau folgte ihm später nach, und mein Großvater wurde dort geboren. Erst nach dreißig Jahren begnadigte man die Gefangenen, nahm sie aber nie wieder am Hofe des Zaren auf. Unsere Familie lebte zurückgezogen in einem Landsitz auf der Krim. Meine Eltern zogen mit meinen Brüdern und mir nach Petersburg, damit wir gute Schulen besuchen konnten. Dort lernte ich später meinen Mann kennen, der auf der Kunstakademie war. 1917 flohen wir gemeinsam vor der Revolution. Meine Familie kam in den Wirren um. Wir schlugen uns über Estland nach Frankreich durch und lebten einige Jahre in Paris. Dann ließen wir uns in Berlin nieder, wo es eine russische Kolonie gab, in der wir Freunde wiederfanden. Mein Mann wurde bekannt und bekam viele Aufträge, konnte aber die russische Heimat nie vergessen. Ich war sehr glücklich, als endlich Maddalina geboren wurde.

Bei Kriegsbeginn nahm man uns die Pässe ab. Ich wurde eine Woche lang verhört und dann als Dolmetscherin dienstverpflichtet, weil ich Deutsch, Französisch und Russisch beherrsche. Französisch war meine eigentliche Muttersprache, Russisch lernte ich erst später, das sprachen früher bei uns nur die Bediensteten. Nach dem Angriff auf Berlin brachte man uns hierher, weil man im Generalstab eine Dolmetscherin brauchte. Jetzt werde ich viermal in der Woche abgeholt und muß dort arbeiten. Aber dadurch können wir zusammenbleiben, haben Sonderausweise, und Maddalina kann wieder zur Schule gehen.«

Frau Kolesnikoff schweigt eine Weile, dann lächelt sie mich an und meint: »Das Nötigste haben wir von der Hilfsstelle für Ausgebombte bekommen. Nun müssen wir hier eben noch einmal neu anfangen.«

»Jetzt kennst du unsere Familiengeschichte und verstehst vielleicht, warum ich nicht darüber reden möchte«, sagt Magdalena und steigt von ihrem Bett herunter. »Weißt du überhaupt, wie das ist, wenn man plötzlich keine Schulfreunde mehr hat, sie nicht besuchen darf und jeden Brief, den man an sie schreibt, abgeben muß, damit er vorher gelesen wird? Ich bin genauso heimatlos wie meine Eltern, und dabei bin ich Deutsche und keine Russin!«

Die letzten Worte schreit sie verzweifelt. Herr Kolesnikoff kommt ins Zimmer und nimmt Magdalena in den Arm. Ich sehe, daß er weint. Sein Gesicht bewegt sich nicht, die Tränen tropfen auf seinen Bart. Ich habe noch nie einen Mann weinen gesehen, mein Hals ist wie zugeschnürt. Ich weiß nicht, was ich sagen soll, und bin sehr berührt. Die Art, wie Frau Kolesnikoff alles erzählt hat – so einfach und ruhig -, als ob das eben ein unabänderliches Schicksal ist, dem man nicht entrinnen kann, bewegt mich zutiefst. Ich spüre auf einmal Mitgefühl und Zuneigung zu dieser fremden Familie. Aber da ist auch noch etwas anderes. Ich bewundere den Mut, mit der sie ihr Leben trägt. Ist diese alte Baracke nicht eine neue Verbannung? Frau Kolesnikoff steht auf. Sie fragt mich, ob ich mir die Bilder

ihres Mannes ansehen möchte, und führt mich in den Nebenraum. Da steht nur ein einfaches Bett, eine Staffelei, ein Tisch mit Farben und Pinseln, und überall an den Wänden lehnen Bilder. Wunderbare russische Landschaften in warmen Farben, Portraits und Zeichnungen von Magdalena. Selbst die Madonnen, auf Holzbretter gemalt, tragen ihre Züge. Ein Bild aber erregt meine besondere Aufmerksamkeit und Bewunderung: »Kamele im Schneesturm«. So etwas habe ich noch nie gesehen.
An der Wand hängt ein merkwürdiges Instrument, eine Balalaika, die Herr Kolesnikoff aus alten Brettern gebaut hat. Ich frage, ob er mir darauf etwas vorspielen kann. Er nimmt sie vom Haken, setzt sich auf das Bett und spielt. Mit tiefer Stimme singt er leise ein schwermütiges russisches Lied. Da begreife ich plötzlich, daß er immer noch in Rußland lebt und vielleicht gar nicht weiß, was in der Welt vor sich geht.
Als ich mich verabschiede, frage ich Frau Kolesnikoff, ob sie keine Schwierigkeiten bekommt, wenn ich sie besuche. Sie beruhigt mich. Sie hätte es zwar melden müssen, aber ich könnte jederzeit wiederkommen.
An diesem Abend sitze ich lange mit Mutter, Onkel Fritz und meinem Bruder zusammen und kann nicht aufhören zu erzählen. Ich bin so erfüllt von allem, was ich gehört und gesehen habe. Onkel Fritz gibt mir ein Buch, in dem ich über den Dekabristenaufstand nachlesen kann. Schon auf der ersten Seite finde ich den Fürstennamen der Kolesnikoff-Familie. Meinen Bruder interessieren die russischen Bilder. Ich soll fragen, ob er sie sich ansehen darf.
So oft es geht, bin ich nun bei Magdalena in der Baracke. Leider wird nicht genehmigt, daß Mutter und Onkel Fritz Kolesnikoffs besuchen, ebensowenig wie sie unser Haus betreten dürfen. Aber mein Bruder kann mitkommen.

Onkel Fritz ist besorgt und meint: »Hoffentlich geraten wir da nicht in eine schwierige Situation.« Aber Mutter sagt: »Die Kinder wissen schon, was sie machen.«
So fahren wir zusammen nach Weixdorf. Mutter gibt uns einen Kuchen mit und Onkel Fritz die Flasche Cognac, die er immer aufgehoben hat. Für Frau Kolesnikoff habe ich etwas ganz Besonderes dabei. Mutter hat sich von ihrem guten Kleid und einer seidenen Bluse getrennt. Mein Bruder versteht sich sofort ausgezeichnet mit Kolesnikoffs. Er bringt sie dauernd zum Lachen, und wir verleben einen wunderbaren Nachmittag. Er bleibt lange mit Herrn Kolesnikoff bei den Bildern und ist genau wie ich fasziniert von den »Kamelen im Schneesturm«. Wie teuer ist das Bild? 200 Mark. Als wir uns verabschieden, gibt er Herrn Kolesnikoff die Hand und sagt, daß er das Bild kauft. Auf seinem Sparbuch hat er 245 Mark. Ich kann das gar nicht fassen. Aber er meint es ganz ernst.
Zu Hause fragt Mutter, ob er sich das auch gut überlegt habe. Mein Bruder antwortet, daß er sich noch nie so sicher gewesen sei.
»Das ist das erste Bild für die Sammlung, die ich später haben werde«, sagt er überzeugt, »und es wird einmal sehr wichtig sein, einen echten Kolesnikoff zu besitzen.«
Dagegen kann Mutter nichts einwenden. Auch Onkel Fritz nicht, denn der ist genauso stolz auf seine »Männer im Sturm« von Barlach.
Im Herbst kommen Leute vom Straßenbauamt und vermessen die Querstraße, die an unserem Haus endet. Die eine Seite wird abgesperrt, mit Pflöckchen markiert, weil die Häuser an die Kanalisation angeschlossen werden sollen. Zwei Tage später beginnen russische Kriegsgefangene, die Straßen aufzugraben. Lange bevor man sie kommen sieht, hört man das unregelmäßige Klappern ihrer

Holzpantinen. Was ist das für eine erbärmliche Kolonne! Sie tragen zerfetzte Uniformen, die wenigsten haben drekkige Fußlappen in den Holzschuhen. Ausgemergelte Gestalten, die auch am Sonntag mit Hacken und Schaufeln schwer arbeiten müssen. Die Meinung der Anwohner ist geteilt. Viele sind sich einig, daß es diesen Kriegsverbrechern nur recht geschieht, wenn sie für uns schuften. Sie beschimpfen die armseligen Gestalten als »Russenschweine« und spucken vor ihnen aus. Nur wenige haben Mitleid mit dem verlorenen, verhungerten Haufen.
Onkel Fritz geht oft die Straße entlang und unterhält sich mit den Bewachern. Alte Soldaten, die wie er schon im Ersten Weltkrieg dabei waren. Die jungen sind alle an der Front. Der Feldwebel, der aufpaßt, sieht weg, wenn sich Onkel Fritz immer wieder Zigaretten anzündet und sie nach einigen Zügen in den Graben fallen läßt. Sie sind sofort verschwunden. Auch als Onkel Fritz kleine Tabakpäckchen hineinwirft, sagt der Wachtposten nichts. Schließlich fragt ihn Mutter, ob wir den armen Kerlen, die den ganzen Tag nichts zu essen bekommen, wenigstens gekochte Kartoffeln und Äpfel aus dem Garten geben können. Der Feldwebel bespricht sich mit den anderen Soldaten. Immerhin ist das gefährlich. Es geht so schnell, daß man von »guten Volksgenossen« angezeigt wird. Doch es findet sich eine Lösung. Nun kommt jeden Tag mittags ein Soldat in unser Haus und holt zwei Eimer Kartoffeln und Äpfel ab. Sie werden als Verpflegung ganz offiziell verteilt. Wenn jemand fragt, ist das ein »Befehl von oben«. Die Soldaten erhalten dafür von uns einen Krug heißen Rotweinpunsch, weil es immer kälter wird. Dann sind auch die Miesmacher auf der Straße zufrieden, wenn etwas für unsere »tapferen« Soldaten getan wird.
Ich erzähle Frau Kolesnikoff von den Gefangenen und

unserer Aktion, und sie bekommt ein merkwürdiges Funkeln in die Augen. Zwei Tage später nimmt sie mich beiseite. Sie zeigt mir einen langen Packpapierstreifen, ganz eng mit russischen Buchstaben beschrieben. Dann rollt sie ihn fest zusammen, wickelt einen Faden darum und bittet mich, ihn in einem unbeobachteten Moment zu den Gefangenen in den Graben zu werfen. »Grüße für meine Landsleute«, sagt sie, »ich würde es selbst machen, aber ich darf ja hier nicht weg.« Sie legt mir beschwörend die Hände auf die Schultern: »Zu dir habe ich Vertrauen, und ich hoffe, daß du mit niemand, weder mit Maddalina noch mit deiner Familie, darüber sprichst.«
Wie sie so vor mir steht und mich mit ihren Mandelaugen flehend ansieht, weiß ich, daß ich es tun werde – ihr zuliebe. Ganz gleich, was sie aufgeschrieben hat und wieviel Angst ich dabei habe. Ich stecke die Papierrolle ein. Frau Kolesnikoff umarmt mich und macht mit dem Daumen ein Kreuz auf meine Stirn.
Nachts kann ich vor Aufregung nicht schlafen und versuche, einen Plan zu machen. Wenn ich aus der Schule komme, haben die Soldaten schon die Kartoffeln und Äpfel verteilt. Aber dann kriegen sie ihren Rotwein, und da sind sie abgelenkt.
Das Herz schlägt mir im Hals, die Rolle ist in meiner Hand ganz heißgedrückt. Ich gehe an den Gefangenen vorbei und mache leise »Pst«. Einer guckt aus dem Graben hoch. Ich lasse die Rolle fallen. Er hebt sie sofort auf. Ich gehe weiter. Zu Hause fliege ich Mutter um den Hals. Sie ist verwundert, daß ich sie plötzlich so fest umarme. »Hast du etwa eine schlechte Zensur bekommen?« meint sie überrascht, aber ich schüttle nur den Kopf und kann gar nicht aufhören zu lachen. Ich bin so erlöst, daß alles gutgegangen ist. Ich bin »dem Teufel vor die Schmiede« ge-

gangen. Das Fegefeuer war heiß, aber ich habe mich nicht verbrannt.
Immer wenn ich nun die Straße entlanggehe, sieht mich der Gefangene an. Eines Tages wirft er aus der Grube eine Schaufel voll Erde und Steine direkt vor meine Füße. Ich sehe dazwischen eine Papierrolle und hebe sie schnell auf. Noch am Nachmittag bringe ich sie zu Frau Kolesnikoff. Sie wickelt das Papier auf, liest nur ein paar Zeilen und weint vor Freude, daß sie eine Antwort bekommen hat. Sie ruft ihren Mann, und wir umarmen uns zu dritt. Magdalena ist gerade nicht zu Hause. Das ist auch besser so.
Auf der Straße werden nun die Rohre verlegt und die Gruben wieder zugeschaufelt. Der erste Schnee fällt, es ist bitterkalt. Die Soldaten haben dicke Mäntel an und freuen sich jeden Tag auf ihre Rotweinration. Wenn wir die gute Frieda David nicht hätten! Sie versorgt uns mit Wein aus ihren Lagerbeständen und hat auch bei einem Bauern Kartoffeln und Äpfel organisiert.
Noch dreimal gelingt es mir, Nachrichten auszutauschen. Dann sind die Gefangenen verschwunden. Eine Walzmaschine planiert die Straße, die Absperrung wird weggeräumt.
Zu Weihnachten schenkt mir Frau Kolesnikoff einen breiten, schwarz-emaillierten Ring mit silbernen kyrillischen Buchstaben. Sie bedeuten: Gott schütze dich. In der Christmette gehen die Worte des Pfarrers an meinen Ohren vorbei. Ganz in Gedanken drehe ich langsam meinen neuen Ring und bete für alle Soldaten, alle Gefangenen, unsere jüdischen Freunde, für Kolesnikoffs und unsere Familie.

21. Feste

Bei meiner Konfirmation fühle ich mich im neuen dunkelblauen Kleid, den feinen Seidenstrümpfen und den eingetauschten Schuhen sehr wohl. Ich genieße es, bei der wunderschönen Feier, die Mutter im Haus ausgerichtet hat, der Mittelpunkt zu sein. Ich habe meine Zöpfe hochgesteckt und glaube, daß ich nun erwachsen aussehe. Die Geheimratsgroßmutter und Tante Jenny haben abgesagt, weil sie – ohne ihn zu kennen – mit Onkel Fritz Schwierigkeiten haben. Das hat mich ziemlich enttäuscht. Aber meine erste Armbanduhr läßt mich den Kummer verschmerzen. Richtig echtes Gold – Mutter hat dafür ein Armband beim Juwelier geopfert. Die Paten haben altes Silber abgegeben, nun ist mein Besteck im Dresdner Hofmuster komplett. Mutters Kränzelschwestern ergänzen gemeinsam mein Meißner Porzellan. Ich bin überwältigt – so viele kostbare Geschenke in dieser schweren Zeit! Auf meinem Gabentisch liegen aber auch wertvolle Bücher in feinem Leder mit Goldaufdruck: Schillers und Goethes Werke und eine Gesamtausgabe von Shakespeare aus dem Jahre 1871.

Das einzige, worüber ich mich nicht freue, ist Hitlers »Mein Kampf«. Den knallroten Saffianband bringt der Ortsgruppenleiter höchstpersönlich vorbei. Doch Mutter geht wieder einmal »dem Teufel vor die Schmiede«. Ich bewundere sie grenzenlos, wie sie ihn, der sich in Uniform, mit dickem Parteibonbon am Kragen, selbst einge-

laden hat, geschickt und diplomatisch hinauskomplimentiert. Der hätte uns mit seinen Kriegsparolen und seinem politischen Gequatsche bestimmt den Tag verdorben. Mutter steckt das Buch schnell weg, damit es den schönen Klassikerbänden nicht ins Gehege kommt.
Mein Bruder benimmt sich an meinem Ehrentag ausgesprochen anständig, wie ein richtiger Kavalier. Er hält sogar eine Tischrede, und ich muß gar nicht lachen, so gut macht er das. Wir haben vereinbart, den Rundfunk heute nicht einzuschalten, der Krieg bleibt draußen.
Als Onkel Fritz erzählt, daß seine Eltern demnächst goldene Hochzeit haben, beschließen wir im Familienrat, sie mit einer besonderen Feier zu überraschen. Wir entwerfen ein Programm. Früh werden sie mit dem Taxi in Dresden abgeholt, dann segnet sie unser Pfarrer im Gottesdienst, anschließend gibt es, wie bei meiner Konfirmation, Kaninchenbraten und selbstgemachtes Eis. Das Kaffeetrinken umrahmen wir mit Musik und Gedichten. Und dann ist es soweit. Die Eltern Stein – er im Cut, sie im Schwarzseidenen mit großem weißen Spitzenkragen – sind sichtlich aufgeregt. Aber alles läuft wie am Schnürchen, und es wird eine großartige Feier. Bei Tisch steht der alte Herr auf, will etwas sagen, kriegt aber vor Rührung nur ein paar Worte heraus. Da erhebt sich die alte Dame und spricht für ihn. Unvorbereitet hält sie eine zu Herzen gehende Laudatio auf ihren Mann und erzählt von ihrem gemeinsamen Leben und ihrer Freude, in unsere Familie gefunden zu haben. Sie vergißt auch uns Kinder nicht. Als sie sich schließlich mit hochroten Bäckchen aufatmend wieder hinsetzt, ist es eine Weile still. Mir wird es ganz heiß im Hals, ich springe auf und umarme sie. Zum ersten Mal wird mir klar, was es bedeutet, wenn zwei Menschen fünfzig Jahre miteinander verbracht haben.

Aber der Höhepunkt ist noch nicht erreicht. Onkel Fritz räuspert sich und rückt seine Krawatte zurecht. Dann eröffnet er uns, daß er nun endlich geschieden ist. Er deutet scherzhaft eine Verbeugung an und bittet meinen Bruder und mich offiziell um die Hand unserer Mutter.
Mein Bruder guckt Mutter an, die strahlt wie ein Röschen, dann fragt er: »Müßt ihr etwa heiraten?«
Und Mutter sagt: »Aber Junge«, und wird ein bißchen rot.
»Das fehlte uns noch«, rufe ich dazwischen, »deine Kinder und meine Kinder hauen unsere Kinder!«
»Na gut, wenn es denn sein soll«, meint mein Bruder nach einer Pause betont gnädig, »dann gratulieren wir eben zur Verlobung.«
Unsere Herta fängt vor lauter Freude an zu heulen. Das Goldhochzeitspaar umarmt uns der Reihe nach überglücklich und beteuert, dies wäre das schönste Geschenk des heutigen Tages. Nur ich fühle mich unglücklich, weil meine vertrauten Nächte in Mutters Schlafzimmer nun gezählt sind. Das sage ich auch gleich. Aber Mutter versichert mir, daß ich dann Onkel Fritzens Zimmer kriege, das ich mir einrichten könnte, wie ich wollte. Trotzdem bleibt da ein kleiner Stachel in meinem Kopf. Doch dann denke ich, nun werden wir wieder eine richtige Familie – und Großeltern kann man nie genug haben, vor allem solche herzensguten.
Es dauert doch noch eine Weile, ehe Mutter und Onkel Fritz zum Heiraten kommen. Leidiger Behördenkram: arischer Nachweis, Gesundheitsamt, weil unser Vater vor sieben Jahren an Tuberkulose gestorben ist, und so weiter ... Dann steht der Termin endlich fest. Nikolaustag, ein Samstag. Wir kriegen schulfrei. Na großartig!
Das Standesamt ist in der Nähe der Dreikönigskirche in der Neustadt. Fräulein Bernhard, meine frühere Klavier-

lehrerin, und Tante Minnie Lieberoth sind die Trauzeugen. Gefeiert wird im kleinen »Roten Weinsaal« im Italienischen Dörfchen mit zweiundzwanzig Gästen. Ich habe schöne Tischkarten gemalt. Die Abgabe der Lebensmittelmarken ist vorher ausgerechnet worden, und alle haben etwas dazu beigesteuert. Es kann also losgehen – aber es beginnt mit einem absoluten Fehlstart.
Mein Bruder und ich sind am Vorabend spät vom Theater gekommen, der Zug hatte zwei Stunden Verspätung. Wir sind hundemüde und reagieren kaum auf Hertas Weckversuche. Erst, als sie verzweifelt schreit, daß Mutter und Onkel Fritz schon aus dem Hause sind, springen wir auf. Ungewaschen ziehen wir hastig unsere Sachen über. Ich binde mir schnell ein Kopftuch über meine ungekämmten Zöpfe. Dann rasen wir los, zur Gärtnerei, weil wir den Brautstrauß abholen müssen, anschließend zur Straßenbahn, die genau vor unserer Nase wegfährt. Fünfundzwanzig Minuten Leerlauf. In einem Hausflur kämmen wir uns die Haare. Gemeinerweise hält mein Bruder den Taschenspiegel immer so, daß ich nichts sehen kann. Ich werde wütend und trete ihn ans Schienbein. Bei unserem Geraufe wird der große Brautstrauß stark in Mitleidenschaft gezogen. Die Manschette ist zerfetzt, viele Blumen sind abgeknickt. Einigermaßen eilig in Ordnung gebracht, bleibt von der Pracht wenig übrig. Endlich nähert sich die Straßenbahn. Wir reden kein Wort mehr miteinander. Die beste Voraussetzung für Mutters Hochzeit.
Auf dem Standesamt empfängt man uns entrüstet. Wegen uns ist die nachfolgende Trauung vorgezogen worden. Nun müssen wir alle noch mal eine halbe Stunde warten. Dann öffnen sich endlich die Flügeltüren, es wird ernst. Wir nehmen hinter dem Brautpaar Platz. Ein verhutzelter Standesbeamter beginnt zu salbadern. Was er von sich gibt,

ist schrecklich abgeleiert. Als er von uns lieben, guten Kindern spricht, die nun endlich wieder so einen stattlichen Vater bekommen, schneiden wir ihm gräßliche Grimassen. Diese Kunst beherrschen wir vollendet. Der Beamte reißt die Augen auf und fängt an zu lachen. Mutter dreht sich um, wir sitzen wie die Engel. Der Beamte gerät immer mehr aus dem Konzept und hält seine Rede mehr oder weniger mit dem Rücken zum Brautpaar, weil er sich das Lachen kaum verbeißen kann, wenn er in unsere verzerrten Gesichter guckt. Eine merkwürdig erheiternde Situation, recht nach unserem Geschmack. Alle sind verblüfft, als der arme Mensch seine Rede abrupt beendet und das Ehepaar, nun hemmungslos lachend, um die Unterschriften bittet. Wir aber umarmen die Eltern überschwenglich. Wir haben Mutter den Übergang aus ihrer Witwenschaft in eine frohe Zukunft wesentlich erleichtert.
Zum guten Essen im Italienischen Dörfchen gibt es erstklassigen Wein. Frieda David hat sich nicht lumpen lassen und ausgezeichnete Sorten beigesteuert. Die Kellner schenken fleißig ein. Trotz Mutters mahnender Blicke trinken wir Kinder mehr, als erlaubt ist. Als Vater Fritz eben die Tafel aufhebt, bringen uns die Kellner noch zwei Portionen Eis, die mein Bruder vorsorglich bestellt hat. Alles setzt sich wieder hin, und Mutter ringt sich mühsam ein »Na, denn guten Appetit – ihr beiden« ab. Während sich die Gesellschaft an kleine Tische zu Kaffee und Cognac verteilt, die Herren eine Zigarre rauchen, erkunden wir das Haus. Durch den guten Wein sind wir überaus munter und unternehmungslustig. So gelangen wir in den »Weißen Weinsaal«, in dem eine lange Tafel fertig gedeckt auf eine Abendgesellschaft wartet. Aus Spaß ergreift mein Bruder einen Teller, ruft »Hepp!« und wirft ihn mir zu. Als ich den dritten Teller eben noch mit Mühe auffangen

kann, wird mir die Sache zu dumm. Mir tut das schöne Porzellan leid. Wir wetten also, wieviel Zeit jeder braucht, um eine Sorte Geschirr abzuräumen und ordentlich auf dem Beistelltisch aufzubauen. Ich beginne bei den Gläsern. Unser weinbeflügelter Bewegungsdrang ist ungebremst. Wir flitzen wie die Wiesel um den langen Tisch und holen erstaunliche Zeiten heraus. Schließlich steht alles wohlgeordnet und gestapelt an der Seite. »Bravo«, freut sich mein Bruder, »ich habe natürlich gewonnen, aber du warst auch nicht schlecht!« Wir stülpen alle Stühle verkehrt auf die Tafel und verlassen zufrieden den aufgeräumten Saal.

Jetzt kommen wir richtig auf Touren. Uns fehlt der krönende Abschluß. Wir gehen auf die Damen- und Herrentoiletten, schließen von innen zu und klettern hinten aus den Fenstern. Dann sausen wir um das Haus und warten geduldig, bis die ersten diesem Ort zustreben. Als vor jeder Tür vier oder fünf Personen warten, beschleunigen wir die Sache, indem wir uns vordrängeln und behaupten, daß wir es ganz nötig hätten. Es wird wiederholt an die Türen geklopft, und als sich niemand meldet, holt man eilends den Hausmeister. Der weiß sich aber auch nicht zu helfen, da die Schlüssel von innen stecken. Jetzt kommt unser großer Auftritt!

»Wir gucken mal nach, ob vielleicht irgendwo ein Fenster aufsteht«, bietet mein Bruder unsere Hilfe an.

Wir laufen wieder um das Haus und steigen durch die Fenster ein, diesmal in umgekehrter Richtung. Natürlich nicht ohne laute Zurufe: »Stürz bloß nicht ab!« »Bitte halt mich um Gottes Willen fest!« »Hoffentlich geht das gut!« Erlöstes Aufatmen, als wir die Türen von innen öffnen. Keiner kann sich erklären, wie so was passieren konnte. Aber wir bekommen für unser mutiges Handeln vom Di-

rektor eine doppelte Portion Eis. Mutters merkwürdige Blicke übersehen wir geflissentlich. Wir sind wunschlos glücklich, eine tolle, gelungene Hochzeit!
Unsere Geschenke überreichen wir erst am Abend zu Hause. Ich habe für Mutter einen Taschentuchbehälter gehäkelt, mit einem Seidenrest abgefüttert und bunte Bänder drangenäht, die man zu Schleifen binden kann. Vater Stein bekommt einen schwarzen Wasserzeichensucher in einem selbstgefertigten Etui für seine Briefmarkensammlung. Dann schleppt mein Bruder seine Sensation herbei: das motorisierte Grammophon und dazu eine Claudio Arrau Platte mit Chopin-Nocturnes. Er stellt den Kasten so auf, daß man das Loch in der Hinterwand nicht sieht, sagt ein paar bewegende Worte und schließt das Kabel an die Steckdose an. Und es funktioniert wirklich. Die Eltern sind gerührt. Gerührt bis zu dem Moment, als es einen kurzen Schlag tut, eine Stichflamme aus dem Kasten fährt und wir im Dunkeln stehen. Mein Bruder beruhigt alle und tastet sich in den Keller an die Sicherungen. Leider findet er keinen Ersatz. So beenden wir die Hochzeit stilvoll bei Kerzenlicht.
Wir sind aber noch viel zu aufgedreht und sitzen in meinem neuen Zimmer zusammen auf der Bettkante. Irgend etwas fehlt, mit dem wir unsere Freude an dem großartigen Tag ausdrücken können.
»Ha«, sagt mein Bruder, geht auf den Vorboden und langt aus Hertas Schrank die Flasche mit dem aufgesetzten Heidelbeerlikör heraus. Den bekommt sie immer von zu Hause geschickt. Wir genehmigen uns ein paar kräftige Schlucke, dann wissen wir, was fehlt: der Polterabend!
Nichts einfacher als das. Wir stellen alle alten Schuhe und Stiefel, die in einem Regal lagern, neben die Treppe. Dann brüllen wir »Juchhu – viel Glück!« und feuern die Lat-

schen einzeln die Treppe hinunter. Es klingt wie Schüsse, wenn sie an die Bodentüre knallen. Das Ende der Kanonade bildet mein Nachttopf, denn Scherben bringen Glück. Unten bei den Eltern regt sich merkwürdigerweise überhaupt nichts. Schade! Wir hocken auf der obersten Treppenstufe im Dunkeln.

»Das war's wohl«, flüstert mein Bruder schließlich.

»Wieso denn?« frage ich leise. Was hat er denn auf einmal, warum ist er denn plötzlich so anders? Eben war doch alles so lustig. »Ich glaube nicht, daß wir noch mal solchen herrlichen Unfug wie heute machen können. Ich wollte es Mutter nicht sagen, daß sich unsere Klasse geschlossen freiwillig gemeldet hat. Bis auf drei Schüler sind wir alle tauglich. In drei Monaten bin ich 17 und Soldat. Ich weiß auch schon, wo ich hinkomme. Regiment Großdeutschland, Garnison Cottbus, Einsatz an der Ostfront. Du hältst eisern den Mund, hörst du! Wenn es soweit ist, werde ich es den Eltern selbst sagen. Vorläufig kein Wort – verstanden!« Ich bin so erschrocken, daß ich gar nichts sagen kann. Ich friere. Da macht mein Bruder etwas, das er noch nie getan hat. Er legt seinen Arm um meine Schulter und lehnt seinen Kopf an mich. So sitzen wir eine ganze Weile. Dann schleicht mein Bruder leise in sein Zimmer.

Aus Würzburg kommt die Nachricht, daß es dem Öhmchen gar nicht gut geht. Die Arthritis hat ihre Gelenke so deformiert, daß sie sich immer weniger allein helfen kann.

Wir sind uns sofort einig, das Öhmchen zu uns zu nehmen. Mutter fährt nach Würzburg, löst den Haushalt auf und beauftragt einen Spediteur. Vater Stein ist wieder mit seinem Millimeterpapier beschäftigt, Mutter hat ihm die Maße der Möbel durchtelefoniert. Das bringt doch einige

Umgruppierungen im Haus mit sich. Unsere Herta zieht ins Nebenhaus zu Frieda David, mein Bruder räumt sein Zimmer und richtet sich in Hertas ein.
Und dann bringt uns Mutter endlich das Öhmchen. Wir tragen sie im Triumph ins Haus, obwohl sie ziemlich ängstlich ist, daß wir sie fallen lassen. Den ersten Abend feiern wir mit Champagner. Frieda David hat aus ihren Geheimbeständen eine Flasche »Veuve Cliquot« lockergemacht.
Das Öhmchen fügt sich in ihrer ruhigen und liebevollen Art nahtlos in die Familie ein. Sie klagt nie, obwohl sie Schmerzen hat, ja, sie wird zum ruhenden Pol, wenn sie, mit der Decke über ihren armen, dick aufgetriebenen Knien, in ihrem Sessel sitzt. Man kann mit allem zu ihr kommen, sie hat immer einen Rat und schlichtet unsere Streitigkeit schnell. Es ist unmöglich, in ihrer Gegenwart aufsässig, ungezogen oder laut zu sein. Auch wenn sie im Haushalt nichts mehr tun kann, so hilft sie doch auf ihre Art und Weise überall mit. Sie hört uns geduldig Vokabeln und Gedichtverse ab, redet mit uns über Schulaufsätze und bespricht mit unserer Herta den Speiseplan. Sie stopft mit ihren gichtknotigen Händen alle Strümpfe und strickt durchgewetzte Manschetten an Pullovern und Jacken neu an. Alles Dinge, für die Mutter kaum noch Zeit findet.
Sie ist ein wahrer Segen für uns alle. Immer wenn ich unser Öhmchen ansehe, weiß ich, daß sie die allerschönste alte Frau ist, die ich kenne. Immer noch trägt sie ihre vollen, weißen Haare wie eine Krone aufgesteckt, immer noch strahlen ihre großen, blauen Augen, leuchtet die dunkelgrüne Malachitbrosche an ihrem Kragen, immer noch umgibt sie der Duft von Rheingold 4711, den ich so an ihr liebe. Sie ist unverwechselbar die gleiche geblieben. Aber wir haben uns verändert. Wir sind nicht mehr die Kinder, die wir einmal waren.

22. Epilog

Langsam wende ich die Blätter der alten Fotoalben um und betrachte voller Wehmut die vertrauten Gesichter aus jener Zeit. Was ist aus den Menschen geworden, die unsere Kindheit von 1936 bis 1942 begleiteten?
Unsere gute Herta verließ uns 1942. Ihre beiden Brüder waren gefallen, und sie mußte ihren Eltern beistehen.
Unsere Cousine Mariechen aus Würzburg blieb ihrer Tanzleidenschaft treu. Sie leitet heute Seniorentanzgruppen in einigen Heimen.
Der Hausmeister Prokop wurde vorzeitig aus dem Zuchthaus entlassen und »zur Bewährung« als Wachsoldat im Lager Buchenwald eingesetzt. Seine Familie übernahm die Wohnung von Fräulein Käferstein, die halbverhungert aus ihren Räumen geholt und deportiert wurde.
Von unseren jüdischen Freunden haben wir nie wieder etwas gehört. Dr. Runds siebenarmigen Leuchter bewahre ich noch heute auf. Herr Rühle, unser homosexueller Untermieter, wurde mit seinem Freund in seinem Versteck aufgespürt. Er kam im KZ um. Sein Freund überlebte.
Der Pianist Kunath bekam Auftrittsverbot und zog sich vollkommen zurück, als man seinen Bruder beim Flugblattverteilen verhaftete. Von ihm fehlt jede Spur.
Christa Oeser verließ Dresden mit ihrer Mutter. Ihr Bruder wurde als Mitglied einer studentischen Widerstandsgruppe hingerichtet.
Meine ehemalige Freundin Dorle machte eine steile NS-

Karriere. Ihr Vater war ein gefürchteter Ortsgruppenleiter. Die Familie setzte sich kurz vor Kriegsende ins Ausland ab.
Zu PiSi, unserem Engländer, verloren wir durch den Krieg jeglichen Kontakt. Fräulein Bernhard unterrichtete ihre Klavierschüler unverdrossen bis ins hohe Alter.
Ingeborg Neugebauer kam mit ihrer Familie beim Bombenangriff am 13. Februar 1945 um. Ebenso die Großeltern Stein, nach denen Vater noch tagelang vergeblich in den Trümmern suchte.
Ich hatte am Angriffstag Bahnhofsdienst bei den Flüchtlingen und schlug mich die 18 Kilometer durch das brennende Dresden nach Hause durch. Mit Mutter arbeitete ich acht Wochen in einer Rettungsstelle. Anschließend nahm mich das Institut für Wirbeltuberkulose in Klotzsche als Schwestern-Vorschülerin auf. Schule und Konservatorium waren vernichtet.
Das Würzburger Öhmchen starb im April 1945. Wir begruben sie, in Packpapier verschnürt, zwischen zwei sowjetischen Tieffliegerangriffen. Särge gab es keine mehr.
Das Großelternhaus in Blasewitz wurde zerstört. Die Geheimrats-Großmutter wohnte bis zu ihrem Ende bei der Großfamilie in Kriebstein.
Mein Bruder wurde Ende 1943 in Rußland schwer verwundet und später in ein Dresdner Lazarett verlegt, wo man ihn mehrfach operierte. Im Herbst 1944 versuchte er bei einem Ausgang, im Gemeindeamt verfallene Zigarettenmarken umzutauschen. Er wurde wegen Wehrwirtschaftsverbrechen verhaftet und ins Militärgefängnis gebracht. Wir wurden stundenlang verhört und durften während seiner monatelangen Haft nicht zu ihm. Einen Tag vor dem Angriff auf Dresden kam er zur Strafkompanie seines Regiments. In der Tschechoslowakei geriet er in

russische Kriegsgefangenschaft und landete in Sibirien. Er kehrte erst spät mit schweren Gesundheitsschäden zurück. Vater Stein wurde Mitte Mai 1945 von den Russen abgeholt und ins KZ Sachsenhausen gebracht. Nach vier Jahren erhielten wir das erste Lebenszeichen aus Moskau. Als Mathematiker arbeitete er mit 26 deutschen Peenemünder Spezialisten an der Lomonossow-Universität maßgeblich am ersten Sputnik-Projekt. Nach dem Juniaufstand folgte Mutter ihm nach Rußland. 1955 übernahmen Russen die Forschung, die deutschen Wissenschaftler siedelte man nach Suchumi auf der Krim um, wo sie noch zwei Jahre auf anderen Gebieten arbeiten mußten. Sie kehrten erst 1958 heim. Mutter starb an einer Bluterkrankung, die sie sich in der sumpfigen Gegend von Suchumi geholt hatte. Vater Stein folgte ihr einige Jahre später.
Der Familienbesitz im Erzgebirge wurde enteignet, das Gebiet zum Sperrbezirk erklärt. In Georgenthal und Albertsthal wurden Uranbergarbeiter untergebracht.
Frieda Davids Geschäft neben unserem Haus wurde staatlicher HO-Betrieb. Sie durfte noch eine Zeitlang als Verkäuferin dort arbeiten.
Frau Kolesnikoff nahmen die Russen fest. Sie saß vier Wochen im Gefängnis. Anschließend war sie als Dolmetscherin in der Kommandantur tätig. Maddalina starb an Nierenkrebs. Ihr Vater nahm sich noch am selben Tag das Leben.
Die Geschichten unserer Kindheit entstanden in Anregung durch die vielen Telefongespräche mit meinem Bruder. Nach dem üblichen »Wiegehtesdir« kamen wir jedesmal auf das »Weißtdunoch« zurück. So schrieb ich diese Erinnerungen im Gedenken an ihn auf. Er fand nach langer Krankheit durch die Spätfolgen seiner sibirischen Gefangenschaft endlich seine Ruhe.

Inhalt